Sigrid Wachenfeld
Maisbrot und Rübenkraut

Sigrid Wachenfeld

Maisbrot und Rübenkraut

Droste Verlag

Dank sagen möchte ich allen, die mir bei diesem Buch und auch meinem „Erstling" (Eine Kindheit in Düsseldorf) mit Anregungen und Ermutigungen geholfen haben. Insbesondere gilt mein Dank der „Rheinischen Post", die einige meiner Erzählungen veröffentlichte, und dem Droste Verlag, der mich stetig ermutigte, auch die vorliegenden Geschichten aus den ersten Nachkriegsjahren zu schreiben und zu zeichnen.

Sigrid Wachenfeld

Wachenfeld, Sigrid:
Maisbrot und Rübenkraut / Sigrid Wachenfeld.
– Düsseldorf: Droste, 1985.
ISBN 3-7700-0691-7

© 1985, Droste Verlag GmbH, Düsseldorf
Schutzumschlag- und Buchgestaltung: Helmut Schwanen
Gesamtherstellung: Rheindruck Düsseldorf GmbH
ISBN 3-7700-0691-7

Inhalt

Der Geldschrank

Der Geldschrank meines Vaters enthielt keineswegs nur Geld.

Genauer gesagt – überhaupt keins.

Jedoch allein der Besitz eines Geldschrankes zeigte an, daß man es zu etwas gebracht hatte oder zumindest danach strebte, und wer nicht über einen solchen verfügte, war namenlos und fiel unter den Begriff „Leute". Der Inhalt im Geldschrank meines Vaters blieb, gleich dem versunkenen Nibelungenschatz, unsichtbar, und so stand er, mannshoch, hoffnungslos verschlossen in der Finsternis des Kellers, rundum von schwarzer Lackfarbe, ohne die geringste Verzierung und von einem abweisenden Reiz.

Man wußte, daß er das Fernglas meines Vaters enthielt und auch seine Schulzeugnisse, die er gelegentlich hervorholte, allerdings ohne jemand von uns Einblick zu gewähren.

Was aber mochte der Geldschrank noch außerdem verbergen?

Hin und wieder verabschiedete sich mein Vater von uns allen mit dem Hinweis, er müsse an den Geldschrank und nach dem Rechten sehen.

Dann galt als sicher, daß er sich für mehrere Stunden in der Tiefe des Kellers aufhielt, und man konnte ohne

Mit Uhren und sonstigen „Souvenirs" geschmückter Amerikaner in Düsseldorf – aus der Erinnerung gezeichnet.

Scheu Dinge tun, die sonst verpönt, wenn nicht gar verboten waren, zum Beispiel sich aufs Bett setzen.

Man konnte auch auf die Mansarde gehen und dem Hausmädchen allerlei Fragen stellen, die man kaum an die eigenen Eltern gerichtet hätte.

Man konnte den zusammenklappbaren Zylinder hervorholen und versuchen, sein Geheimnis zu ergründen, oder mit dem Hausmeisterkind sprechen, das „adoptiert" war.

Wir sahen es daher gern, wenn mein Vater seinen Gang zum Geldschrank ankündigte, denn höchst freizügig gestaltete Stunden standen nun jedermann bevor.

Nur einmal war es geschehen, daß der Geldschrankbesuch frühzeitig beendet wurde, und wir flatterten, alle Spuren verwischend, an unsere Plätze. Mein Vater hatte seinen Zollstock vergessen!

Aber wozu braucht man auch einen Zollstock, wenn man zu seinem Geldschrank geht?

Auch während des Krieges stand der Geldschrank unbeweglich an seinem Platz im Keller, im Gegensatz zu den Weckgläsern mit Eingemachtem, die bei Luftangriffen im hohen Bogen aus den Regalen flogen, so daß man sie für die Zukunft gleich auf den Fußboden plazierte, wo sie allerdings auch nicht lange lagerten, da die wenigen Lebensmittel, die man noch kaufen konnte, immer seltener wurden.

Als die Amerikaner endlich nach dem zermürbenden, wochenlangen Artilleriefeuer die Stadt erobert hatten und alle Häuser nach Kriegsschuldigen und Brauchbarem untersuchten, erreichten sie auch unser Haus, wo wir sie eher mit Neugier als mit Furcht erwarteten.

Die vier Soldaten hatten ein rußgeschwärztes, unrasiertes Gesicht, doch auch wir hatten uns tagelang nicht waschen können und sahen sicherlich auch nicht gerade peinlich gepflegt aus. Was uns jedoch in höchstes Staunen versetzte, waren die Arme der Eroberer: Sie hatten die Ärmel hochgekrempelt und trugen bis zu den Ellenbogen eine Armbanduhr nach der anderen. Da sich in unserem Hause keine Armbanduhr befand, forderte einer der Soldaten in tadellosem Deutsch und mit entsicherter Pistole meinen Vater auf, den Geldschrank zu öffnen.

Die Ausrede, der Schlüssel sei in den Wirren des Krieges verlorengegangen, hätte nicht viel zu verhüten vermocht. So bat mein Vater mit Blick auf das Geschoß lediglich darum, man möge seine Familie schonen, und wir durften auf unsere Zimmer gehen, obwohl wir natürlich viel lieber das Öffnen des Geldschrankes miterlebt hätten, um endlich zu erfahren, was sich denn nun eigentlich in ihm befand.

Nach einer langen Weile, die uns schon zu ängstigen begann, kamen die Soldaten, angeführt von meinem Vater, mit ernsten Mienen zurück, legten die verschmutzten Hände an den verbeulten Helm, schlugen krachend die Hacken zusammen und liefen mit ihren Nagelstiefeln in gleichmäßigem Laufschritt davon.

Welche sonderbaren Schätze hatten die Eroberer gesehen, ohne sie mitzunehmen?

Ein Fernglas besaßen sie selbst.

Das Bündel mit den Prospekten und Ansichtskarten

von dem in warme Dampfbäder eingenebelten Buda-
pest, einem immer wieder angestrebten Reiseziel mei-
nes Vaters, konnte ihnen zu dieser Stunde kaum von
Nutzen sein. Ebensowenig, wie der mit dem Aufdruck
„Katzenzungen" versehene bunte Karton von der
Schokoladenfabrik Sprengel, in welchem sich getrock-
nete Veilchenblätter von der Taufe meines jüngeren
Bruders befanden.

Auch dem Kaiser-Wilhelm-Foto mit seiner Majestät
eigenhändiger Unterschrift widmeten die jungen
Amerikaner keine besondere Aufmerksamkeit.

Selbst das Bildnis der Olga Tschechowa, der einzigen
Frau im Lande, deren anmutige Beine nach Meinung
meines Vaters mit denen meiner Mutter vergleichbar
waren, besaß offenbar nicht jene legendäre Ausstrahlung einer Betty Grable.

Alle vier hielten aber augenblicklich inne mit dem

Das Adreßbuch des Grafen Luckner.

gleichgültigen Kauen ihres Kaugummis, als mein Vater die blaue Nivea-Dose öffnete.

In ihr lagen, soweit wir sie nicht verschluckt hatten, in verschiedenen Größen unsere Milchzähne, die uns mein Vater, als sie zu jucken und zu wackeln begannen, mühelos und ohne Schmerzen herausgezogen hatte, was uns den gefürchteten Weg zu Herrn Dr. Amelounx ersparte.

Wie auf Kommando begannen die Krieger zu schnupfen und sich Nasen und Augen zu wischen, und als mein Vater feststellte, daß niemand von ihnen ein Taschentuch besaß, griff er nach dem Letzten, das der Geldschrank barg – einem weißen, mit dem Wappen des Hotels „Zur Krone" aus Assmannshausen am Rhein versehenen Handtuch aus feinem Linnen, das er für den Fall der Kapitulation „in Reserve" gehalten hatte. Nun nutzte es Feind und Freund zu einer gemeinsamen Tätigkeit, die nicht vorgesehen war.

Unter dem Tuch aber kam noch etwas zum Vorschein – ein Geburtstagsgeschenk meiner Mutter, das sie einmal auf einer Auktion erstanden hatte: ein zur Hälfte durchgerissenes Adreßbuch des Grafen Luckner, der nicht nur wegen seiner tollkühnen abenteuerlichen Fahrten rund um den Erdball mit seinem Segelschiff „Seeteufel" zu Ruhm und Ehr' gelangt war. Ebensoviel Würdigung wurde ihm zuteil wegen seiner Fähigkeit und Vorliebe, dicke Telefon- und Adreßbücher mit seinen eigenen Händen in zwei Hälften zu zerteilen, und die deutschen Knaben aus „guter Familie" wurden von ihren Vätern angehalten, der schlichten Geradlinigkeit dieses Grafen nachzueifern.

Nun wurde das Adreßbuch, nachdem mein Vater vor-
geführt hatte, was damit geschehen war, staunend von
Mann zu Mann gereicht.

Der Anblick dieses außerordentlichen, deutschen
Kräftebeweises aber schien die erschöpften Krieger
außer in Bewunderung auch in Panik zu versetzen,
denn der Rangälteste gab unvermittelt den Befehl zum
Abmarsch, und statt von dem erwarteten Recht einer
angemessenen Kriegsbeute Gebrauch zu machen, hinterließen die Davoneilenden ein für jene Tage
beträchtliches Vermögen: Es fanden sich nach ihrem
hastigen Aufbruch im Keller drei Päckchen „Camel"
und „Lucky-Strike", und immerhin bewegte sich der
Tagespreis auf dem Schwarzmarkt für eine einzige dieser Zigaretten auf der Höhe von elf Mark und fünfzig
Pfennigen.

Warten ...

„Schonkost"

Das Frühjahr neunzehnhundertfünfundvierzig brachte eine ungewöhnliche, lang anhaltende Hitze. Außer dem Leitungswasser, das natürlich abgekocht werden mußte, falls nicht gerade Stromsperre war, gab es keinerlei Getränke.

Daher wurde Frau Lansen, bis dahin völlig unbekannt, ebenso sehnsuchtsvoll empfangen, wie der allüberall zaghaft dahinschwebende Friedensengel.

Frau Lansen nämlich hatte die Gunst der Stunde Null beizeiten erkannt und war Milchfrau geworden. Niemand wußte, woher dieser langentbehrte weiße Segen kam, aber für die Oberkasseler gab es nach dem unablässigen Donner der Geschütze und dem dumpfen, bedrohlichen Dröhnen der Bomber von nun an kein lieblicheres Geräusch als das unbekümmerte Quietschen des holprigen Bollerwagens, dem nichts als ein paar Tropfen Öl gefehlt hätte, und den Frau Lansen nun Tag für Tag, mit etlichen Milchkannen bestückt, tief gebeugt durch Oberkassel zog.

Noch in den letzten Tagen war sie „Kriegerwitwe" geworden, doch stand das strahlende Weiß der Milch, die von ihr mit einem verbeulten Blechbecher ausgeschöpft wurde, in einem hoffnungsvollen Gegensatz zu der tiefschwarzen Trauerkleidung, und das frische Rot ihrer Wangen ließ die Vermutung zu, daß das übriggebliebene Leben auf eine ebenso tapfere wie anmutige Art darauf bestand, sich durchzubringen, mitsamt der kleinen Tocher, die, ebenfalls in Schwarz gekleidet, mit festen Kinderhändchen den Bollerwagen schob.

Da viele Oberkasseler noch nicht zurückgekehrt waren, floß in diesen ersten Frühlingswochen die Milch in Strömen, und weil sie das einzige Nahrungsmittel war, dessen man mit Sicherheit habhaft werden konnte, gab es bald im ganzen Hause keine Schüssel, keine Vase, keinen Blumentopf, in dem sich nicht Milch befunden hätte. Schließlich schüttete meine Mutter die ganze weiße Pracht kurzerhand in die Badewanne, in der man sowieso nicht baden konnte, weil es mangels Kohlen kein heißes Wasser gab.

Kalte Milch, heiße Milch, dicke Milch, saure Milch, Quark. Milchbrei, Milch mit gerösteten Brotstückchen. Milch mit einer Handvoll Mehl zu Klößen verwandelt, die allerdings so klebrig waren, daß sie im Halse steckenblieben und man eiligst ein Glas Milch hinterherschüttete, um die Mahlzeit lebend zu beenden.

Um diese allmählich erzwungene Liebe zur Milch zu erhalten, ersann Frau Lansen immer wieder neue Rezepte, denen sie abenteuerliche Namen verlieh und auf diese Weise jedenfalls zum Ausprobieren lockte.

Letztlich aber schmeckten alle Gerichte gleich, nämlich – nach Milch.

Durch Frau Lansen wurden die Oberkasseler nicht nur von Milch gesättigt, sie erfuhren auch die neuesten

Flüchtlingsmutter.

Ereignisse, die keine Zeitung verkünden konnte, da es eine solche noch nicht wieder gab.

Zum Beispiel wußte Frau Lansen, wer seine Wohnung ausgeräumt vorgefunden hatte, wer von der Flucht zurückgekommen oder wessen Haus von Fremden, deren Sprache niemand verstand, besetzt war.

Sie berichtete, daß Frau Bermes, die dem „Führer" sechs gesunde Germanenkinder „geschenkt" hatte und dafür unter dem Parteiabzeichen stets und ständig das Ehrenkreuz für besondere Verdienste mit seinem eingravierten Namenszug auf dem mütterlichen Busen trug, nun Unterschriften sammelte, die beurkunden sollten, daß sie ja schließlich in gutem Glauben gehandelt habe. Herr Wolfen gar – der jeden Bombenangriff mit strammer Haltung, den rechten Arm waagerecht ausgestreckt, und dem „deutschen Gruß" begann und beendete, hatte den Nachbarn angezeigt, als dieser schließlich nach dem fünften Alarm nachts um zwei übermüdet antwortete: „Mein lieber Freund, der kann mir allmählich mal im Mondenschein begegnen!" – beteuerte nun in weinerlichem Ton, seine Nerven seien zerrüttet und in Wahrheit wäre er niemals „dafür" gewesen.

Frau Lansen wußte auch, wo das monatliche Ei „erstanden" werden konnte und wann es bei Imdahl die versprochenen 50 g Blutwurst gab, denn Frau Imdahl fügte manchmal blitzschnell eine Scheibe extra hinzu.

Früher spielte mein jüngerer Bruder selten mit uns auf dem Kaiser-Wilhelm-Ring, und es gab daher Kinder, die ihn gar nicht kannten. Die übrigen aber trachteten immer wieder danach, sich durch „Rahmlutscher" bei ihm beliebt zu machen, da er im Lichte einer besonderen Bevorzugung stand.

Diese rührte aber nicht daher, daß er ungewöhnlich üppiges Haar besaß mit einer Unzahl von Ringellokken, was man im übrigen auf die sagenhafte sizilianische Urahne zurückführte. Es war auch nicht die „Zahnspange", um die er beneidet wurde, und man versuchte nicht, sich bei ihm anzubiedern, weil er einen Roller mit Ballon-Reifen von Narath bekommen hatte. Nein, nur einmal wollte man ihm folgen dürfen, wenn er seinen Freund Karl-Heinz, „Kalla" genannt, besuchte, denn dieser konnte etwas Einmaliges vorweisen: Er bewohnte mit seinen Eltern ein Bootshaus, unmittelbar an der Rheinbrücke!

Herr und Frau Jussenhoven vermieteten und pflegten Paddelboote, und angeblich bestand das schwimmende Elternhaus von Kalla aus einem einzigen Raum, der das Schlafzimmer, mit mehreren Sofas bestückt enthielt, sowie die Wohnküche, die statt von Tapeten mit Ansichts- und Weihnachtskarten geschmückt war. Mein Bruder berichtete auch ein wenig vorwurfsvoll, daß Frau Jussenhoven jeden Tag Reibekuchen backen würde, was bei uns seltener geschah, da sich Josefine gerne die viele Arbeit sparen wollte und deshalb vorgab, danach Sodbrennen zu bekommen. Außerdem bot Frau Jussenhoven meinem Bruder sofort nach seinem Eintreffen Limonade mit Himbeergeschmack an, die es bei uns nur an Kindergeburtstagen gab, und am Abend brannte rund um das beneidenswerte elterliche Anwesen von „Kalla" eine bunte Lichterkette, damit die vorbeifahrenden Schiffe gewarnt wurden.

Wie so vieles im Kriege, wurde eines Tages auch das grüne Bootshaus zusammengepackt und war mit unbekanntem Ziel verschwunden.

An der gleichen Stelle aber richtete sich nach dem Kriegsende Herr Küppers ein, der in dem unschätzbaren Besitze eines alten Rheinkahnes war, was ihm zu der Möglichkeit verhalf, nach Düsseldorf zu rudern, dessen zerschossene Lambertuskirche mitsamt dem nur noch als Gerüst herausragenden Schloßturm traurig zu uns herüberblickte.

Bei diesen, auch wegen der Minengefahr verbotenen Überfahrten zeigte sich Herr Küppers bereit, einen Fahrgast zu befördern, sofern dieser für einen solchen gefährlichen Dienst etwa eine Mundharmonika von Hohner, Schlittschuhe mit angeschraubten Stiefeln oder ein Nähkästchen aus reinem Birkenholz als Gegenleistung erbrachte.

Herr Küppers trug immer die gleiche, vielfach gestopfte, dunkelblaue Strickjacke, an der zweireihig, acht trübe Messingknöpfe baumelten, was die Vermutung zuließ, daß er zu anderen Zeiten Bier ausgeschenkt und „Strammen Max" serviert hatte, ohne dadurch besonders beachtet zu werden.

Nun aber war er zu einem begehrten, unerhört wichtigen Manne geworden, dem man bedenkenlos eine ganze Reederei anvertraut hätte, denn nur mit seinem Kahn „Fifi" war es möglich, trotz aller im Rhein versunkenen Brücken nach Düsseldorf zu gelangen, und

24

Dickenfeld 1905

es war gewiß nicht jedermanns Sache, ein solches Vorhaben schwimmend und über Steinbrocken kletternd zu bewältigen.

Zurückkehrende berichteten, daß unter dreißig Meter hohen Schuttbergen die Häuser der Schadow- Bismarck- und vieler anderer Straßen gestanden hatten, und die zu beiden Seiten des im Schlamm fast erstickten Stadtgrabens liegenden Gebäudereste ließen ahnen, daß sich hier einmal der Stolz von Düsseldorf befunden haben mußte: die Königsallee.

In Juni neunzehnhundertfünfundvierzig aber kam eine frohe Botschaft: das so vertraute, im Krieg versenkte Rheinbahnboot „Düssel" war ans Tageslicht geholt, hergerichtet worden und fuhr nun wieder emsig zwischen den beiden Rheinufern hin und her.

Herr Küppers aber, inzwischen für den Rest seiner Tage zu einem wohlhabenden Mann geworden, nutzte seinen Rheinkahn „Fifi", der nun meistens träge schaukelnd in seiner Kribbenbucht lag, nur noch zu einem gelegentlichen Angelzeitvertreib.

Die Rheinwiesen jedoch, ohnehin von zahlreichen Bombentrichtern gezeichnet, hatten nun für die nächste Zeit überhaupt keine Aussicht mehr, ihr wildes, struppiges Gras nachwachsen zu lassen, da ein unaufhörlicher Strom von Menschen, dicht gedrängt, Schritt für Schritt dem Rheinbahnboot entgegenwartete. Vom frühen Morgen an bewegte sich die Menschenmenge in der Hitze dieses ersten Nachkriegssommers zu den schattenlosen Ufern des Rheins, umweht vom Staub der Düsseldorfer Schuttberge.

Rußteilchen setzten sich an der Kleidung fest und hin-

26

Wartende und frierende Menschen in Düsseldorf 1946.

28

terließen schmierige, schwer zu beseitigende Flecken. Das monatliche Stück grauer Seife, hergestellt aus Pottasche und Tierknochenfett – entsprechend „duftend" – hätte man nach einer solchen Reise, sofern man die Körperpflege noch einigermaßen gewissenhaft betrieb, mühelos an einem einzigen Tage verbrauchen können. Aber – was hatte man eigentlich noch in Düsseldorf zu suchen? Noch gab es keine Arbeit.

Plakate waren angeschlagen: „Vor dem Zuzug nach Düsseldorf wird gewarnt!" Die wenigen Geschäfte, die noch erkennbar waren, hatten die Schaufenster mangels Glas mit Pappe vernagelt, bestenfalls mit einem Guckloch versehen, hinter dem allerdings auch nicht viel zu entdecken war. Überdies hatten sie ganz willkürlich und nur stundenweise geöffnet.

Trotzdem schleppten die Menschen immer schweres Gepäck: vollgestopfte Rucksäcke, aufgeplatzte und wieder verschnürte Koffer, abgenutzte Einkaufstaschen, geflickte Einkaufsnetze, Körbe mit leeren Weckgläsern, gebrauchtes Spielzeug, Lampenschirme, Kinderwagen.

Sie schleppten ihr Gepäck hin, sie schleppten es zurück, nur der Inhalt hatte sich geändert, denn überall in der Stadt waren Zettel an die Mauern geheftet:

Tausche: Radio ohne Röhren gegen Dreirad

Tausche: Schlafzimmer gegen Lieferwagen

Zweiteilige Matratzenteile (Roßhaar) mit Keil gegen Meyers Lexikon, Luftpumpe gegen Kochtopf, Brautkleid, nie getragen, gegen Heißmangel.

Die Hoffnung, in Düsseldorf Eßbares zu finden, erfüllte sich nie. Offensichtlich aber hatte die Stadt

Wartende Menschen auf das „Rheinbahnbötchen" 1945.

Trauerndes Kind.

1945

31

zwar ihren Glanz, jedoch nicht ihre Anziehungskraft verloren. Auf jeden Fall brachte man Neuigkeiten mit, von denen man schon unterwegs erfahren konnte:

„Enä, Maria, dat wir uns he auf et Bötche treffe, nach all' die Zeit, wo et doch so voll is!"

„Ja, dat is auch wahr! Wie jeht et Euch dann, habt Ihr auch et Haus kaputt?"

„Sischer dat, grad als der Heinz auf Urlaub war. Und der sacht auch noch so schön, dat er sisch mal richtisch erhole wollt'."

„Furschbar! Wir waren bei die Slowaken verschickt, weißte, dahinten. Dat war nix! Jut, dat mer wieder he is."

„Sach, weißte nit, wat aus die angere von unser Klass' jeworde is?"

„Enä, nur dat mit dat Finche . . ."
„Ja? Wat is dann domet?"
„Dat kriecht wat Kleines von 'ne Ami."
„Siehste, dat han ich mich doch jedacht! Wenn de dahin kommst, riecht et immer nach der Neskaffee."
„Dat Elsbeth hat der Jashahn aufjedreht."
„Bist verrückt!"
„Ja, dat konnste Dich doch denke. Dem sein Mann war doch wat Höheres!"
„Furschbar!"
„Is aber wieder okeh."
„Hörens, weißte nit, wo et en paar Kartöffelkes jibt?"
„Enä, höchstens in Kappeshamm, wennste 'ne echte Perserteppich hast oder en elektrisch Öfche."
„Ach, Jottnoch! Dat is uns all' verbrannt!"

Trümmerfrauen.

Kinder auf dem Schwarzmarkt.

Mitläufer

Bei Fräulein Stündeck, unserer Zeichenlehrerin, durften wir malen, wozu wir Lust hatten: die Familie beim Mittagessen, den Vater, wenn er in Zorn geraten war, Damen, die sich zum Kaffeekränzchen eingefunden hatten, die Kinder von unserer Straße beim „Dötzen" oder einfach nur, was einem so in den Sinn kam, zum Beispiel Goldfische, die nach Gänseblümchen schnappten, indes Fräulein Stündeck zarte Blumenbilder malte, die man ihr nie zugetraut hätte, da sie weder die geringste Anmut besaß noch eine gewinnende Herzlichkeit. Liebevoll malte sie ihre Blumen in einer Vase, Blumen in einem Körbchen, Blumen zu einem Kranze gewunden oder Blumen einfach so dahingestreut. So waren unsere Zeichenstunden angefüllt mit einer zufriedenen Stille, die es jedermann erlaubte, nach eigenem Ermessen Wünsche, Träume, Geschehnisse und Erinnerungen in bunten Wasserfarben leuchten zu lassen.

Fräulein Stündeck sah nicht aus, wie man sich üblicherweise eine Malerin vorstellte: mit einer etwas unordentlich langhaarigen Ponyfrisur, weitärmeligen Gewändern aus handgewebtem Leinen mit einem ovalen Halsausschnitt und antikem Korallenschmuck. Nein, sie war ganz unscheinbar, und niemand hätte sich nach ihr umgesehen. Mittelgroß, ein wenig hager, ohne die geringste Spur von Rouge auf den Wangen, was aber damals sowieso eine Lehrerin niemals benutzt hätte. Das glanzlose, kurzgeschnittene Haar von unbestimmbarer Farbe hatte sie glatt und gleichgültig zurückgekämmt, und den Geschmack ihrer Kleidung konnte man nicht erkennen, da sie stets einen makellos weißen Kittel trug. Sie lebte allein, niemand kannte ihr Haus, und nährte sich bestimmt ausschließlich von Frankfurter Würstchen mit Kartoffelsalat, da, wie jedermann wußte, eine Malerin nicht kochen konnte.

Nie wurde ein Bild von ihr öffentlich ausgestellt, man sah sie auf keinem Fest und schon gar nicht auf einer der zahllosen, politischen Veranstaltungen. Einmal hatte sie geäußert, die große Politik sei Männersache, jedenfalls nichts für Künstler, der „Führer" habe für Ordnung und Arbeit gesorgt, ja sogar Autobahnen gebaut, und darüber hinaus habe jede Regierung ihre Eigenart, ohne daß man daran etwas ändern könne.

Eines Tages waren wir wieder einmal in unseren Malereien versunken, als unsere Klassenlehrerin, Fräulein Köllermann, mit der ihr eigenen Heftigkeit die Türe öffnete. Immer wenn sie sich aufregen mußte, verstärkte sich die strenge Ähnlichkeit ihrer Gesichtszüge mit Friedrich dem Großen, und so war es auch heute.

Augenblicklich unterbrachen wir daher unsere schöne Arbeit und warteten gespannt, während Fräulein Stündeck ihre Brille hochschob und sorgfältig den Pinsel abtrocknete.

Nun wurde uns erklärt, daß es ab sofort keinen „Guten Tag" und kein „Auf Wiedersehen" mehr geben würde, sondern daß vor und nach jeder Stunde der „Deutsche

Gruß" anzuwenden sei. „Achtung!" rief sie aus, „ich mache es Euch vor!" Sie richtete ihre ohnehin sehr hohe Gestalt so kerzengerade auf, daß man befürchten mußte, sie würde niemals mehr zu der Türe hinauskommen, zu der sie hereingekommen war. Sie hob den rechten Arm waagerecht und sprach den langweiligen, sattsam bekannten Gruß.

Nun hätte man im Traume nicht daran gedacht, daß Fräulein Köllermann, wie jeder andere Mensch auch, Unterwäsche trug, aber jetzt konnte man deutlich den hellblauen Saum eines „Bleyle"-Unterrockes erkennen! Dieser etwas intime Anblick ließ ohne Frage einen wichtigen Teil von ihrer Unfehlbarkeit abbröckeln und lenkte von der erwünschten Feierlichkeit dieses Augenblicks ab. Ich rief daher, zugegeben ziemlich vorlaut, in die Stille: „Fräulein Köllermann, es blitzt!"

Diese aber gab ihre starre Haltung nicht auf, und da niemand lachte, vezichtete ich auf weitere Feststellungen, obwohl unter ihrer Achsel auch noch ein großer, dunkler Flecken zu sehen war. Allerdings konnte man dergleichen auch bei Josefine beobachten, wenn sie die Wohnung bohnerte oder bügelte, was meinen Vater immer dazu veranlaßte, sämtliche Fenster aufzureißen.

Da Fräulein Stündeck aber sowieso recht wortkarg war, wurde für die Folge in ihrer Zeichenstunde überhaupt nicht mehr gegrüßt, sondern sie machte lediglich eine Handbewegung zum Hinsetzen.

Dennoch hatte sich Entscheidendes geändert: Ein wenig gleichgültig erklärte sie uns, was für die Zukunft

Mohn und Lupinen.

Direktorin der Cäcilienschule in Oberkassel
Fräulein Anne (Änne) Franken.

auf unseren Zeichenblöcken zu sehen sein müßte: allem voran eine lustig flatternde Fahne und, ihr folgend, Kinder in brauner Uniform mit weißen Söckchen, selbst im Winter – da ein deutsches Kind nicht friert – alle das gleiche Bein hebend und den Mund für ein Lied geöffnet.

Sie selbst aber hatte ihre Blumen verbannt, sah eine bedeutende Phase ihrer Kunst, welche die gewiß auch von ihr ersehnte Anerkennung bringen würde: Auf grauem „Ingres"-Papier zeichnete sie mit schwarzer Kreide und viel Weiß, das alles zum Leuchten brachte, den „Führer" und fertigte von ihm im Laufe der Zeit so viele Bilder an, daß nahezu jede Klasse der Cäcilienschule von ihren Stiftungen geschmückt war, die unsere Direktorin, Fräulein Franken, nicht ablehnen konnte, obwohl von ihr das unbeweisbare Gerücht im Umlauf war, den obersten Mann im Staate einen „Anstreicher" genannt zu haben, der besser daran getan hätte, dieses zu bleiben.

Da nun selbst der glühendste Anhänger Hitlers diesen beim besten Willen nicht als Vorbild reinrassiger germanischer Schönheit rühmen konnte und er statt dessen wegen seiner von der „Vorsehung" ausgestatteten, unerklärbaren Ausstrahlung gefeiert wurde, hatte Fräulein Stündeck eine Notlösung gefunden und den Schwerpunkt seines Kopfes auf die Augen verlegt, denen sie entweder den treuherzigen Ausdruck eines arglosen Bauernbuben verlieh oder den lodernd-trutzigen Blick eines mittelalterlichen Glaubensritters.

Das war ihr – vergleichsweise harmloser – Beitrag zum Ruhme des Diktators, dem man in dieser Darstellung kaum eine Schandtat zugetraut hätte und der selbst einen Zweifler mitreißen konnte.

Nun, nach dem Kriege, war die Cäcilienschule abgebrannt und mit ihr alle Hitlers. Wie mochte das einsame Fräulein Stündeck überlebt haben? Geduldig und unauffällig, wie Millionen anderer, hatte sie, ohne irgendeinem Menschen wehe zu tun, an die „große Sache, das große Wunder" geglaubt und ein wenig verschönt.

Als die Straßenbahnen wieder fuhren, entdeckte ich sie eines Tages in der Linie siebzehn, die nach Lörick fuhr, wo Fräulein Stündeck einen kleinen Schrebergarten besaß, aus dem sie zu anderen Zeiten die herrlichsten Blumen mitgebracht hatte, um sie zu malen.

Nun bahnte sie sich ein wenig umständlich und zitterig einen Weg aus der überfüllten Bahn, aber nicht wie gewöhnlich mit Staffelei und Leinwand, sondern mit Spaten und Harke in den recht verarbeiteten Händen. Es hieß, sie habe noch keinen „Persil"-Schein und daher auch noch keine Anstellung bekommen, und so schien es, daß ihre künstlerische Laufbahn vorerst im Ackerbau beendet war. Jedenfalls erzählte man, sie sei gelegentlich in der Nähe von „Böhler" anzutreffen, wo man von ihr taufrischen Salat, der sonst nirgendwo zu haben war, erwerben konnte.

Aber es dauerte nicht allzu lange, bis man sie auf den Rheinwiesen erblicken konnte, ungeachtet der meterhohen Disteln, wo sie nicht müde wurde, die sich allmählich wieder einstellenden Schafe zu malen – die weißen wie die schwarzen.

Das Fest

Es waren die Amerikaner, die unsere Stadt erobert und uns den Frieden beschert hatten, und mit der „Entlausung" eines jeden Düsseldorfer Bürgers schien für sie ihre letzte europäische Mission erfüllt zu sein. Kriegsmüde, wie auch sie waren, empfanden sie es schnell als lästig, den Besiegten mit nachhaltiger Feindseligkeit zu begegnen, und zogen es daher vor, die unzähligen Probleme der Bürger mit einem lässigen „okeh" zu lösen, ohne sie jedoch damit aus der Welt zu schaffen. Aus Langeweile ballerten sie die letzten Patronen in die Luft, ohne aber mit ihren Schüssen noch jemanden schrecken zu können, und nahmen jede Gelegenheit wahr, die Beine hochzulegen und zu schlafen. Der tief ins Gesicht gerutschte Helm ließ nur die Kiefer frei, die sich selbst im Schlafe unablässig bewegten. Ihr Mittel, die Nerven zu beruhigen, war das Kaugummi, das sie selten ausspuckten, und die Kinder, von denen sie ständig umlagert waren, mußten oft Stunden warten, bis ein solcher Fall eintrat, und sie nun, wenn schon nicht Brot, so doch wenigstens Gummi kauen konnten.

Auf dem Schwarzmarkt gab es plötzlich knitterfreie Damenunterwäsche aus Fallschirmseide, wobei man sich allgemein darüber einig war, daß diese Art der

„Kippensammler."

Ein Wiedersehen.

„Flüchtlinge 1945."

Materialverwendung ungleich erfreulicher sei, als damit einen bewaffneten Soldaten vom Himmel fallen zu lassen. Ein Paar der bis dahin unbekannten Nylonstrümpfe kostete dreihundertfünfzig Mark, und jedem weiblichen Wesen, gleich welchen Alters oder Aussehens, riefen sie ein launiges „Hallo Baby", „Hallo Blondy" oder, ein wenig respektvoller: „Fraulein" zu und rollten ihnen Apfelsinen über den Weg, die natürlich auch von der stolzesten Dame aufgehoben wurden, während die vorbeigehenden Männer, kurz und bündig mit einem „Hallo Krauts" bedacht, ihre halb geleerten Coca-Cola-Dosen und halb aufgerauchten Zigaretten aufsammelten, die überall herumlagen.

Nun aber war beschlossen worden, daß die Engländer unser Gebiet übernehmen und verwalten sollten. Diese zeigten sich sofort kühl und unnahbar, ja, voller Verachtung und ließen damit das Gepräge einer Besatzungsmacht in Feindesland spürbar werden.

Wasser, Strom, Lebensmittel wurden drastisch nochmals gekürzt. Aber – auch England hungerte und entbehrte. Es war nicht einzusehen, mit den Deutschen das letzte Stück Brot zu teilen.

Hinzu kamen die unablässig zurückströmenden Menschenmassen aller Nationen, die der Krieg verschleppt hatte: die Kriegsgefangenen, die Zwangsarbeiter, die Häftlinge, die Flüchtlinge, die Vertriebenen und streunende Kinder, die ihre Eltern suchten. Sechsundzwanzig Millionen Menschen irrten Tag und Nacht über Straßen und Felder des verarmten, verwüsteten Europa. Bittend, plündernd, hungernd, bettelnd, jammernd, krank.

„Nach Hause."

Sofern sie nicht sorgfältig versteckt waren und man ihnen zumindest nachts die Schnäbel zugebunden hatte, fand sich nirgendwo mehr ein Hähnchen oder Hühnchen, geschweige denn eine Gans.

Dennoch beschlossen die Düsseldorfer und Oberkasseler, ein Fest zu begehen, auf das sie den ganzen Krieg hindurch hatten verzichten müssen:

Das Martinsfest.

Wie ein törichtes Gerücht, das man ungläubig weitergab, geisterte die Nachricht durch die Stadt.

Ein Martinsfest zwischen zerschossenen Häusern, verschütteten Straßen und frischen Gräbern?

Doch als der Abend des elften November neunzehnhundertfünfundvierzig begann, fanden sich die Düsseldorfer und Oberkasseler zu einem endlosen, dunklen Zug schweigender Menschen zusammen. Freunde trafen einander wieder und umarmten sich stumm. Fremde, heimwehkrank, wie sie alle waren, hielten sich fest an den Händen. Selbst einige Engländer blieben am Straßenrand stehen, und beim Anblick dieser Deutschen wich allmählich die Erstarrung aus ihren frostigen Gesichtern, und sie mischten sich unter alle anderen.

Einige weinten, viele trugen Trauer. Verwundete – ein Blinder – ein Kind ohne Schuhe, ein „Weckmann" aus Pappe. Es gab keine Kerzen, keine Lampions mehr. Hier und dort ein ausgehöhlter Kürbis mit dem spärlichen Licht aus Wachsresten. Von irgendwoher eine Trompete, die einsam das Martinslied begann, aber kaum jemand vermochte mitzusingen. Ein magerer

Erster Martinszug nach dem Krieg in Düsseldorf-Oberkassel.

Gaul – wer weiß, woher –, ein Unbekannter darauf in einer gefärbten Uniform.

Es war kein Trauerzug, der sich da bewegte, aber ein Martinsfest, wie es kaum je begangen wurde – mit einer zaghaften Freude bedrückter Menschen und der Hoffnung auf Barmherzigkeit.

Was auch geschehen würde – in der Welt mußte es wieder heller und wärmer werden, denn heute war der „Mätesmann", Sankt Martin, nach Düsseldorf zurückgekommen! Niemand konnte ahnen, daß die Not und das Elend noch schlimmer werden sollten.

Ein eisiger, gnadenloser Winter stand uns allen bevor.

Der Winter des Jahres neunzehnhundertsechsundvierzig.

Der Fund

Für eine Sensation, zu der nun Tag für Tag auch die Düsseldorfer eilten, sorgte Herr Hammen, der trotz seiner etwas schwermütigen Augen eine erhebliche Ähnlichkeit mit Karl Schönböck hatte, ohne jedoch ein Frauenheld zu sein, die jener in seinen Filmen so liebenswert, wohlerzogen und wortreich darzustellen verstand. Nein – Herr Hammen war ein schweigsamer Mann, der keinerlei Aufhebens machte, obwohl er ohne Frage in einem beträchtlichem Maße daran beteiligt war, Düsseldorfs Ruf, eine ebenso liebenswürdige wie bedeutende Kunststätte gewesen zu sein, eine gewichtige, neue Prägung zu geben.

Das einzige Kino von Oberkassel war im Kriege abgebrannt. Da der Eintritt dreißig Pfennige betrug, wurde es vorzugsweise von den Minderbemittelten besucht, und weil man von diesen Flöhe befürchtete oder gar Schlimmeres, wurde das ganze Unternehmen „Flohkino" genannt.

Unbeirrbar hatte Herr Hammen seinen kühnen Plan durchgeführt, und in wochenlanger Eigenarbeit einen Raum zu einem neuen Kino ausgebaut, dem er den beziehungsreichen Namen „Gloria-Theater" verlieh, obwohl viele der notleidenden Bürger einen solchen „Vergnügungsbau" als reine Verschwendung des kostbaren Baumaterials betrachteten.

Aber Herr Hammen hatte nichts vergeudet, sondern weise gehandelt: ein nie erlebter Andrang diesseits und jenseits des Rheins setzte ein, und zwar nicht nur, weil die linksrheinischen Bauern gelegentlich Rhabarber vergaben, sondern das „Gloria" die einzige Möglichkeit bot, für eine kurze, noch dazu angenehme Weile den knurrenden Magen und alle übrigen Beschwernisse zu vergessen.

In seinem noblen, grauen Maßanzug, den er glücklicherweise beizeiten an die Schweizer Grenze verschickt hatte, wo ihn Leute seines Vertrauens sorgsam bewahrt hatten, empfing Herr Hammen selbst den armseligsten Besucher mit einem sanften, aber Mut machenden Lächeln, und geleitete ihn persönlich zu seinem Platz. Auf diese Weise verbreitete er ein Gefühl familiärer Geborgenheit, und ließ gleichzeitig eine Tugend auferstehen, die den rauhen Sitten des Krieges längst gewichen war: die Höflichkeit.

Seine Frau besaß, wie nun erwiesen war, echtes Blondhaar, im Gegensatz zu den von der verschwundenen Regierung als vorbildlich gefeierten blonden Germanenfrauen, die im Verlaufe des Krieges recht dunkel, wenn nicht gar schwarz geworden waren, da es kein Färbemittel mehr gab.

Außerdem wurde erzählt, Frau Hammen sei eine geborene „von".

Dennoch scheute sie sich nicht, bis zum späten Abend hinter Glas zu sitzen, den Daumen anzufeuchten, um Eintrittskarten, die eigentlich vom Düsseldorfer „Apollo" stammten, auszuteilen.

Nachdem ein so gewagter Kulturanfang gelungen war,

begannen einige von uns zu hoffen, daß auch die Kunstakademie, von Phosphorgranaten schwer getroffen, ihre völlig zugeschütteten Pforten doch noch einmal wieder öffnen würde. Das Dach war abgebrannt, sämtliche Decken eingestürzt, und die Fensterhöhlen starrten wie erschreckt aufgerissene Augen.

Aber – fast die Hälfte der Düsseldorfer lebte in feuchten Kellern, lichtlosen Bunkern, Wellblechbaracken und Nissenhütten, durch die der Regen tropfte und der Wind pfiff – sie hatten wahrlich andere Sorgen, als sich um eine neue Bleibe für die Kunst und ihre „schmachtenden" Jünger zu kümmern.

Diese aber griffen augenblicklich selbst zur Tat, als bekannt wurde, daß man einen Handwerker habe gewinnen können, der im Besitze einer Kreissäge sei. Die noch brauchbaren Balken wurden aus den Ruinen gezogen und man begann sie für Türen und Fenster zurecht zu schneiden. Inzwischen ersann Dyckerhoff & Widmann ein Verfahren, restliches Mauerwerk zu zermahlen, und aus „Trümmerschuttbeton" neue Fußböden und Decken zu erstellen.

So wühlten die mageren Studenten, nun wirklich schmachtend, viele Wochen in Schutt, Steinen und verkohltem Holz, hin und wieder von einer kalten „Schwedensuppe" – nirgendwo fand sich ein Herd – vom ärgsten Hunger befreit, und angetrieben von der Ungeduld der verlorenen Jahre.

Unter dem zu ordnenden Gerümpel aber machte ich eines Tages einen überwältigenden Fund: aus dem Fach eines zersplitterten Schrankes zog ich ein zwar

Kunstakademie
Düsseldorf 1945

56

Die Düsseldorfer Kunstakademie,
wie sie die Studenten
im Jahre 1945/46 vorfanden.

verschmutztes, aber unversehrtes Täschchen hervor, in dem sich eine Puderdose mit „Petit-Point"-Stickerei befand, und außerdem ein halb aufgebrauchter Lippenstift, dessen Farbe ich niemals gewählt hätte. Nun aber malte ich mich sofort damit an.

So kam ich, hungrig und verstaubt wie immer, aber guter Dinge über meinen Kirschenmund nach Hause.

„Mann", begrüßte mich mein jüngerer Bruder, der vor seinem schon wieder leeren Teller saß, „wie siehst Du denn aus? Ich denke, Du machst Bauarbeiten, und dann kommst Du aufgedonnert wie sonst was daher!"

Ich wollte mir eben mit dem Handrücken den Mund wieder abwischen, als meine Mutter das seltene Farbstückchen ergriff und nachdenklich betrachtete.

Dann sagte sie schließlich ein wenig müde „Laß sie. Wie jung sie doch ist – wenn sie darüber den Hunger vergißt."

Nach einigen Wochen aber kam eine wunderbare Nachricht ins Haus:

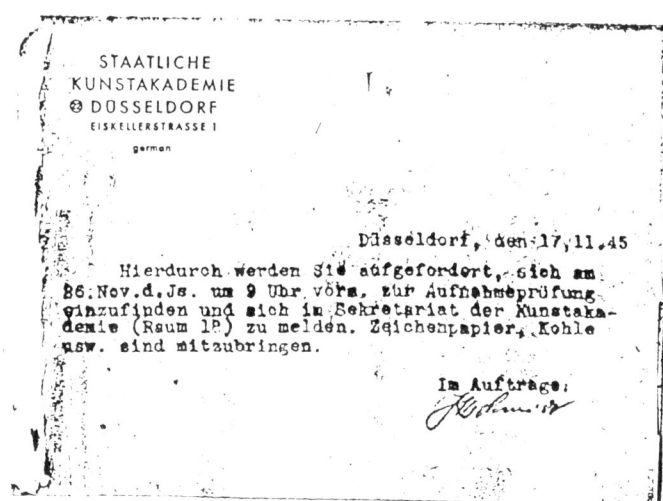

STAATLICHE
KUNSTAKADEMIE
DÜSSELDORF
EISKELLERSTRASSE 1

german

Düsseldorf, den 17.11.45

Hierdurch werden Sie aufgefordert, sich am 26. Nov. d. Js. um 9 Uhr vorm. zur Aufnahmeprüfung einzufinden und sich im Sekretariat der Kunstakademie (Raum 12) zu melden. Zeichenpapier, Kohle usw. sind mitzubringen.

Im Auftrage:

Die Belohnung

Nach einem Aufruf der Besatzungsmacht waren Bauern und Landarbeiter zuerst aus der Gefangenschaft entlassen worden, um ihre von Granaten und Panzern zerwühlten Felder wieder herzurichten und mit dem noch spärlich vorhandenen Saatgut zu bestellen. Der heiße Sommer ließ das Getreide prächtig heranwachsen und gedeihen. Eine üppige Ernte konnte erwartet werden. Gott sei Dank, würde die bitterste Not nun ein Ende haben!

Da setzten plötzlich schwere, wochenlange Regenfälle ein, die das pralle, reife Korn im Hochwasser versinken ließen. Weite Überschwemmungen verwandelten das mühselig zurückgewonnene Land zu Morast, durch den die Bauern verzweifelt wateten um nachzusehen, was noch zu retten war. Jedoch – ein Drittel des Getreides war hoffnungslos verdorben, und das bedeutete: noch weniger Brot. Der Raps, aus dem das Öl gewonnen wurde, war fast völlig vernichtet. Das hieß für uns alle: kein Fett.

Eine weitere, schlimme Nachricht gesellte sich dazu: Im kommenden Winter würde es unmöglich sein, Kohlen zu verteilen, da die Transportmittel dazu fehlten. Nahezu zehntausend Lokomotiven waren zerschossen, und die Bahngleise Hunderte von Kilometern

*Selbstportrait mit „Stuka"-Fliegerjacke und Handschuhen
zeichnend im ungeheizten Atelier.*

unterbrochen. Für die noch vorhandenen Lastwagen aber fehlte das Benzin.

Um der Bevölkerung dennoch eine Möglichkeit zu geben, sich vor der bereits früh einsetzenden Kälte des – noch ahnte es niemand – „Jahrhundertwinters" zu schützen, wurde die allgemeine Erlaubnis erteilt, abzuholzen, was man nur fand. Alte Kastanien- und Rotbuchenalleen, Birkenwälder, vom Brand des Krieges ohnehin verödet oder gar verschont, waren nun einer neuen Bedrohung ausgesetzt. Aber da den meisten Düsseldorfer Bürgern natürlich die dazu erforderlichen Arbeitsgeräte fehlten, standen sie vor unüberwindlichen Schwierigkeiten. Schließlich war es kaum möglich, ganze Baumstämme kilometerweit zu schleppen, und es gelang höchstens, Zweige von Sträuchern abzubrechen oder mit dem Brotmesser abzusägen.

Zu guter Letzt blieb allerdings nur übrig, auf eine recht milde Jahreszeit zu hoffen.

Abholzen vom „Löricker Wäldchen" 1946.

Doch über Nacht fiel eine gewaltige Schneemasse hernieder, die monatelang das ganze Land bedecken sollte und den bis dahin finster vor sich hin starrenden Ruinen zwar ein trügerisch-freundliches „Weiße-Weihnacht"-Gesicht verlieh, aber eine festliche Empfindung vermochte sich nirgendwo einzustellen. Der Gedanke an ein Geschenk oder eine noch so geringe Überraschung war absurd. Die wenigen Geschäfte, die wieder mit Glasschaufenstern ausgestattet waren, zeigten nichtssagende Attrappen, Dekorationen, meist aus Privatbesitz, die nichts versprechen konnten, oder aus Stoffetzen hergestellte „Lappenpuppen", die aber auch nicht gerade von jedermann benötigt wurden.

Letztlich war man damit zufrieden, überhaupt noch am Leben zu sein, und kümmerte sich noch aufmerksamer darum, ein paar Kartoffeln oder Briketts im Hause zu haben; diese Kostbarkeiten waren nur erreichbar, wenn man sie, schlicht gesagt, entwendete, sofern sich eine günstige Gelegenheit dazu bot. So gab es zum Abschluß dieses ersten Nachkriegsjahres zwar eine stille, aber keineswegs „Heilige" Nacht, und das Jahr neunzehnhundertsechsundvierzig begann nicht nur deshalb ohne „Knallfrösche", weil es keine mehr gab, sondern man war jedweden Knalls überdrüssig geworden, und ein mitternächtliches „Prosit" entfiel, da nicht einmal im Geldschrank meines Vaters noch eine letzte Flasche Wein versteckt war.

So verschlief man den Beginn des neuen Jahres entweder wohlverpackt mit allem nur Verfügbaren im Bett

„Eine warme Suppe!" Winter 1946.

oder erwartete es mit selbstgesuchtem Kamillentee
und trüben Ahnungen für weitere, ungute Zeiten.

Im Januar erhielt jeder Bürger, um dem nicht weichen-
den Frost besser zu trotzen, zusätzlich ein halbes Pfund
Sauerkraut, das allerdings roh gegessen werden
mußte, da der Strom für zwei Tage ausgefallen war,
und der Februar schließlich bescherte eine Dose
„Gemischtes Gemüse".

Aber nicht nur Deutschland verelendete mehr und
mehr, sondern ganz Europa, überall dort, wo der

Krieg gehaust hatte. Ohne Unterschied hungerten Nachbarländer und Siegermächte, wie England und Rußland. Die Zeitungen berichteten von einer Welthungersnot, deren Ende nicht abzusehen war, und selbst Amerika begann Brot zu rationieren, um Mehl in alle Länder zu entsenden.

Inmitten dieser lebensbedrohenden Lage hatte die Düsseldorfer „Akademie der bildenden Künste", dürftig wiederhergestellt, für etwa achtzig Studenten einen Neubeginn gewagt, obwohl die großen, hohen

Generalmusikdirektor von Düsseldorf Heinrich Hollreiser 1945 bei der Probe.

Räume unbeheizbar waren, und durch die tiefen Risse im Mauerwerk und die bis auf einen Lichtspalt mit Brettern zugenagelten Fenster kroch weitere Kälte und Feuchtigkeit. Wochenlang stand man bei minus zwölf Grad vor den Staffeleien, in Mänteln, Decken, Mützen, Kopftüchern vermummt und mit Handschuhen angetan. In die Schuhe, deren Sohlen längst dünn und löchrig geworden waren, hatten wir Zeitungspapier gelegt, aber die Frostbeulen an den Füßen schwollen im Laufe des Tages an, brachen auf und mußten verbunden werden, und am Abend humpelte man auf niedergetretenen Schuhen nach Hause, da diese zu eng geworden waren.

Diese schmerzvolle Prozedur wiederholte sich Tag für Tag, aber die so lange entbehrten Musen der „Schönen Künste" vermochten es immer wieder, uns zu sich über den Rhein zu locken und unerklärbare Kräfte zu wecken und zu verschenken.

Verständlicherweise waren unsere Modelle allmählich weniger opferbereit und blieben schließlich aus. Sie zogen es vor, sich in den kostenfreien „Wärmestuben" aufzuhalten, die hier und da für die Allerärmsten eingerichtet waren und noch dazu eine lauwarme Kohlsuppe garantierten.

Eine ganz andere Möglichkeit aber, recht ausdauernde und zuverlässige Modelle zu finden, bot sich bei den Orchester- und Opernproben unter Heinrich Hollreiser, die in der Zugluft des mit Pappe vernagelten, alten Opernhauses stattfanden.

Die von der Kälte besonders hart betroffenen Musiker saßen stets pünktlich trotz aller Unbill, eine Wärmeflasche im Kreuz, auf dem Bauch oder unter den Füßen klaglos auf ihren wackligen, zum Teil von zu Hause mitgebrachten Stühlen. Doch Heinrich Hollreiser besaß die mitreißende Fähigkeit, sein Orchester in eine so vollkommene Hingabe an die Musik einzuschließen, daß niemand je dabei fehlen mochte, und es konnten Zeichnungen entstehen, deren Ausdruckskraft unwiederholbar war.

Aber Heinrich Hollreiser entschwebte nicht in makellose höhere Welten. Ihn konnte plötzlich die Wut packen. Ungeduldig stampfte er mit den Füßen, begann heftig mit dem Taktstock auf den Notenständer zu trommeln, und Zeitzeugen berichten gar, daß sich die Farbe seiner Augen veränderte und grün schillerte, wenn er in seiner bayrischen Heimatsprache das berühmte und gefürchtete: „Olles folsch!" ausrief und mit diesem Tadel die Luft wie eine Nebelwolke ausstieß, so daß man die Kälte nicht nur fühlen, sondern auch sehen konnte.

Ebenso wie alle anderen hungernd und frierend, war Hollreiser oft erkältet, was daran erkennbar war, daß er sich bis zu den Ohren in einen weißen Schal, gehäkelt im Topflappenmuster, verpackt hatte, von welchem einige behaupteten, er sei aus reinem Kaschmir. Neider und Uneingeweihte neigten daher zu dem voreiligen Schluß, Heinrich Hollreiser strebe ein Starähnliches Aussehen an.

Niemand aber konnte bestreiten, daß seine Konzerte trotz der sibirischen Kälte und immer weiter fortschreitender Armut zu den Sternstunden in der Musikgeschichte von Düsseldorf zählten.

Eine Kunstschule in Niederkassel

Jo. Strahn, höchst angesehener Maler und Leiter der berühmten, im Krieg vernichteten Düsseldorfer Kunstschule „Carp", begann gleich nach seiner Rückkehr aus der Gefangenschaft mit dem Aufbau einer neuen Kunstschule, die er dreißig Jahre lang mit Umsicht und einer scheinbaren Sanftmut, die in Wirklichkeit nichts anderes als eine zielbewußte Entschlossenheit war, leiten sollte. Mit untrüglichem Instinkt traf er von vornherein eine Auslese, so daß die Schüler, die sich ihm anvertrauten, auch Aussichten hatten, eines Tages in der Kunst ihren Platz zu finden.

Die neue Kunstschule wurde im „Orthshof", einer kleinen, still gelegten Zuckerrübenkrautfabrik (heute Garagen) gegründet, und lag inmitten der Gärten und Gemüsefelder von Alt-Niederkassel.

Doch zunächst mußten die von Granaten eingefallenen Mauern wieder aufgerichtet und der unebene, rissig gewordene Steinfußboden ausgebessert werden. Türen, Fensterrahmen und Balken wurden im Düsseldorfer Schutt von ehemaligen und neuen Schülern, die sich bald einfanden, zusammengesucht. Glas und Baumaterial tauschte Strahn gegen seine begehrten Bilder, ein „Kanonenöfchen" wurde aufgestellt, und nun fehlte in diesem Winter neunzehnhundertsechsundvierzig nur noch, wie überall, das Heizmaterial.

Der „Orthshof" in Niederkassel – Beginn der Kunstschule
„Jo. Strahn".

Auch Pferde waren Mangelware geworden, aber in Niederkassel hatten, vom Krieg hin und her verfrachtet, und schließlich vom eigentlichen Besitzer vergessen, ein Dutzend sibirische Steppenpferdchen Zuflucht gefunden, welche, obwohl russisch, recht willkommen waren. An harte Lebensbedingungen gewöhnt, konnten sie trotz Eis und Schnee für die täglich notwendigen Beförderungen von Lebensgut eingesetzt werden. Als daher das Löricker Wäldchen zum Abholzen freigegeben wurde, fertigte Jo. Strahn in aller Eile aus Brettern und vier verschiedenen Rädern ein Gefährt an, und spannte einen der kleinen Gäule davor, der auch munter und folgsam nach Lörick galoppierte. Dort angekommen, fand sich gerade noch ein letzter, einsamer Baum, den Strahn und seine Getreuen zersägten, auf das Fahrzeug luden, und nun, vor allem wegen der klirrenden Kälte, so schnell wie möglich wieder nach Hause wollten. Aber das sibirische Steppenpferdchen war enttäuscht, daß es nicht bis nach Rußland traben durfte, sondern wieder westwärts laufen sollte, hatte das leidige Hin und Her endgültig satt und blieb mit slawischem Trotz und Beharrlichkeit fest an seinem Platz im hohen Schnee, offenbar auch bereit, diesen zu verteidigen. Verächtlich wies es die ihm dargebotene, letzte Kruste Brot ab, war durch kein Flehen umzustimmen, und selbst der ihm gewiß nicht unbekannte Befehl: „Dawai! Dawai!" vermochte nicht, ihn einzuschüchtern. Schließlich mußten alle die schwere, sperrige Fracht selber ziehen, und das bockige Pferdchen dazu.

So wurde auf doppelt beschwerliche Weise Holz für

Aus der Kunstschule Strahn.
Von oben links: Fritz Andernach, Alfred Schmela, Cornelius
Klingen.
Von unten links: Hans Salentin, Günther Sellung, Sigrid
Wachenfeld, Erich Kretz, Ingrid Gerhardt.

70

das „Kanonenöfchen" in die Niederkasseler Kunstschule gebracht, aber jedenfalls war es für eine Weile
warm, und der Arbeitseifer der strebsamen Maler
wurde nicht durch Frost behindert.

Als aber das letzte Stück Holz verfeuert war, und man
wieder halb vereist vor der Staffelei stand, blieb keine
andere Möglichkeit, als sich wie viele andere auch,
noch bei Nacht für Stunden an die Rheinbrücke zu stellen. Dort wartete man auf die absichtlich langsam fah-
renden Lastwagen, deren hochgetürmte schwarze
Fracht, für Fabriken bestimmt, schon von weitem
erkennbar war. Die darauf hockenden Bewacher zeigten gegen hinaufgeworfene Zigaretten ein hohes Maß
von Erbarmen, und da überdies ihre Ware nicht nach-
gewogen wurde, warfen sie die Briketts im hohen
Bogen unter die Leute, die danach schnappten und
begierig aufsammelten.

So kamen wir verstaubt wie die Kumpels „unter Tage"
und gut „bestückt" in unserer Kunstschule an, und
heizten nach Herzenslust, bis es so richtig mollig und
gemütlich wurde.

Jo. Strahn, von der Natur mit einer gleichbleibenden
Ruhe beschenkt, die er höchstens verlor, wenn ihn ein
„Piefkesmaler" um sein Kunsturteil ersuchte, konnte
bei einer solchen euphorischen Verschwendung sehr
zornig werden, und es wurde für die Zukunft beschlossen, unseren Koks in seinem kleinen Atelier zu lagern,
und nur jede volle Stunde, wenn wir Korrektur bekamen, brachte er eine Schaufel davon mit, versorgte das
Öfchen selbst, und teilte den Vorrat so sorgsam ein,
daß unsere Kunstschule jeden Tag zumindest ange-

71

*Untere Reihe Zweiter von links: Jo. Strahn im weißen Kittel
mit obligater Pfeife.*

*Untere Reihe Mitte, hockend im weißen Kittel: Alfred
Schmela.*

Obere Reihe, fünfte von rechts mit aufgekrempelten Ärmeln: Sigrid Wachenfeld, unmittelbar daneben die Malerin Luise Fischer.

wärmt war. Ganz Verfrorene packten einen Ziegel-
stein auf die Ofenplatte, legten ihn nach einiger Zeit
auf den Steinfußboden und stellten sich darauf.

Eines Tages vermachte mir die Verkäuferin bei Hen-
nig mit einem „Pst!" ein kleines Fläschchen brauner
Tusche, und um möglichst lange damit auszukommen,
hatte ich diese mit einem halben Liter Wasser ver-
dünnt und in eine Limonadenflasche gefüllt.

Neid gab es nicht unter den Kunstschülern. Farben gab
es zwar nicht im Überfluß, aber – wer außer den „wirk-
lichen" Malern, oder solchen, die es werden wollten,
hatte zu jener Zeit schon Lust und Muße Bilder zu
malen? So waren zwar alle erstaunt über meine volle
„Pulle", aber letztlich freute sich jeder mit mir.

Um so fassungsloser war ich daher, als ich nach der
Pause zurückkam, und die geleerte Flasche vorfand.

Wer konnte so etwas getan haben?

Wir hatten in diesem Monat ein besonders geduldiges,
bescheidenes Modell, das nicht gegen Geld, sondern
lediglich gegen Wärme „saß", und am liebsten gar
nicht mehr aufgestanden wäre. Nun aber wanderte der
Mann plötzlich unruhig hin und her, kam schließlich
auf mich zu, sah mich treuherzig an, während ich mit
einem finsteren Verdacht seine feuchten, braunen Lip-
pen aufmerksam betrachtete und sagte: „Ach, Fräuke,
reescht Euch nit auf! Mir is schon nix passiert – das biß-
ken braun Wasser schad' doch nit! Isch dacht' dat war
endlich mal wat Kaffee oder so. Bah – hat dat fies je-
schmeckt!"

Ja – um alles in der Welt – hätte es ihm etwa auch noch
schmecken sollen?

Nils

Vor dem Kriege war es in Düsseldorf auf dem Schu-
back-Schmidt-Lyzeum ein gern gesehener Brauch, mit
dem Ausland einen regelmäßigen Schüleraustausch
durchzuführen, und da meine Eltern es von großer
Wichtigkeit hielten, andere Länder mit ihren Menschen und Sitten kennen zu lernen, durfte ich daran
teilnehmen, und gelangte auf diese Weise auch nach
Schweden.

Die Familie Andersson hatte, schon lange, bevor ich
nach Stockholm kam, beschlossen, mit dem deutschen
Gast das fröhlichste aller Feste, die „Mittsommernacht", auf dem Lande zu verbringen, und in dem kleinen Dorf Leksand am Siljansee eines der weißgestri-
chenen Holzhäuser gemietet. „Es bleibt die ganze
Nacht hell", schwärmte Frau Andersson, und die
Schweden, sehr sangesfreudig, würden ihre Volkslie-
der singen und bis zum frühen Morgen tanzen.

Aber ich tanzte überhaupt nicht gerne, war müde von
der langen Reise, und hätte mich am liebsten sofort in
eines der rostrotlackierten Bauernbetten verkrochen,
die mit meterhohen Daunenkissen gefüllt waren, um
erst am übernächsten Tage wieder aufzuwachen. Aber
weit und breit im ganzen Lande hätte kein Schwede für
einen so üblen Wunsch Verständnis gezeigt, und so

freute ich mich aus Höflichkeit, und zog die bunte „Dalarna"-Tracht an, wie alle anderen auch. Wir hatten kaum den Dorfplatz erreicht, als Nils auf mich zukam und meine Gasteltern um die Erlaubnis bat, mit mir tanzen zu dürfen.

Nils war ein Schwede, wie aus dem Bilderbuch, und ich bereute sofort, daß ich in der Düsseldorfer Tanzschule „von Kayser" so oft gefehlt, und statt dessen lieber den tod-traurigen Fortsetzungsroman der Vicki Baum in der „Berliner-Illustrierten" gelesen hatte, die ausgerechnet freitags neu erschien.

Neben der berühmten Gastfreundschaft besaßen die Schweden auch eine recht gutwillige Art von Höflichkeit, denn Nils ertrug meine „deutsche" Art zu tanzen die ganze rosarote Mittsommernacht hindurch, während ich froh war, wenn die Pausen kamen, in denen gesungen wurde. Nur diese wenigen Stunden hatten wir, noch dazu unter der liebevollen Aufsicht meiner Gastfamilie, miteinander verbracht, denn Nils, dessen Ferien zu Ende waren, reiste am nächsten Tag ab.

Aber als ich nach Deutschland zurückkam, fand ich ein Buch vor: „Die schönsten Lieder aus Schweden" mit der Widmung: „Weil Du besser singen als tanzen kannst! Auf Wiedersehen – Nils."

Kurze Zeit darauf brach der Krieg aus, und mittlerweile waren nahezu sieben Jahre vergangen.

Längst waren die zuverlässigen, holländischen Butter- und Kaffeequellen von Fräulein Krings versiegt, die Grenzen noch für Jahre verschlossen. Zudem – kein Deutscher hätte es zu jener Zeit wagen können, sich irgendwo im Ausland blicken zu lassen!

Nun saßen wir in der kalten, immer noch halb ausge-
räumten Wohnung, da die besten Möbelstücke mitsamt den Tüllgardinen zum Schutze vor Bomben
gleich zu Anfang des Krieges nach Süddeutschland
verlagert wurden und noch nicht die geringste Aussicht
für einen Rücktransport bestand. Auf dem „Mittags-
tisch" befanden sich lediglich ein paar Stück geröstetes
Maisbrot mit Zuckerrübenkompott.

So überlegten wir, welche Werte wir noch besaßen, die
man auf dem Schwarzmarkt gegen Lebensmittel ein-
tauschen könnte, als es schellte.

Der Briefträger hatte für mich einen Brief gebracht aus
– Büttenpapier, und auf der Rückseite stand ein
schlichtes rotes Kreuz.

Rotes Kreuz – Nachricht – Anfrage.

Von: Nils Anders Broberg, Stockholm – Schweden.

„Liebe Sisi! Wenn ich Dir irgendeine Hilfe bereiten kann,
wäre ich froh, dies tun zu können. Dein schwedischer Freund
hat Dich nicht vergessen."
18. 2. 1946

Was konnte das bedeuten?

Alle waren verwundert und begannen zu raten.

Merkwürdigerweise hatte ich während des ganzen Krieges niemals geweint, aber nun stürzten mir die Tränen aus den Augen, als ich den Inhalt meines Briefes begriffen hatte.

Da nahm mich mein älterer Bruder, der mitgelesen hatte, in den Arm, klopfte mir ziemlich kräftig auf den Rücken, so daß ich beinahe außerdem noch husten mußte, und sagte, selber mit einer verdächtig unsicheren Stimme: „Mann, warum heulst Du denn? Freu' Dich doch!"

Briefe an Nils

6. Mai 1946

Lieber, lieber Nils!!

Die Freude, nach über fünf
Jahren über das „Rote Kreuz"
einen Gruß aus dem Ausland
zu bekommen, noch dazu
von Dir aus Schweden, dem
schönsten aller Länder,
kann ich Dir kaum beschrei-
ben! In all' den Jahren
war Schweden für mich
ein unzerstörbarer Traum,
und ich habe immer ge-
dacht, wenn ich es noch
einmal wiedersehen dürf-
te, würde ich wohl gerne
dort für immer bleiben.
Aber nun meine ich, daß

2.

ich doch großes Heimweh
nach Deutschland bekä-
me, gerade jetzt, weil es
so zertreten und ver-
achtet, und das Leben
hier so schwer ist.

Deine Nachricht war
lange unterwegs, aber
ich antworte Dir sofort,
damit Du weißt, daß ich
weder vom Bombenhagel
erschlagen oder verwun-
det bin, noch — bis jetzt —
erfroren oder verhungert,

3.

obwohl natürlich alles
möglich war, und wir
noch weit davon entfernt
sind, alle Not überstan-
den zu haben.
Aber ich bin auch kein
„FRÄULEIN" geworden, und
keine „VERONIKA"! —
Ob Du mir helfen kannst?
Ach, Nils, es fehlt eigentlich ALLES.
Aber Du glaubst nicht, wie-
viel Trost es gibt, überhaupt
von Dir aus Schweden zu
hören, nach so vielen
Jahren, und nach allem,
was geschehen ist! Du hast
mich sehr froh gemacht.
Deine deutsche Freundin.

Sigrid Wachenfeld   Düsseldorf-Oberkassel
                                     den 7. August 1946

Lieber, lieber Nils!

Dein „Care"-Paket kam an einem Tag, als wir wirklich
nicht mehr wußten, was wir eigentlich essen könnten!
Den ganzen Sommer über haben wir fast nur von Bee-
ren aus unserem Garten gelebt.
Ich kann noch gar nicht glauben, daß dieser ganze
Segen wirklich mir gehört, und denke immer, jeden
Augenblick schellt die Polizei, und holt alles wieder
ab!
Bis zuletzt hatte ich auf dem Düsseldorfer Zollamt
Angst, man würde mir das Paket gar nicht geben, sondern sagen: „Wieso kommen gerade Sie zu einem solchen Geschenk, geben Sie mal schön etwas ab!" und
ich zitterte am ganzen Leibe, als ich meine Unterschrift gab, um den Empfang zu bestätigen. Auf dem
Rückweg dachte ich die ganze Zeit, jemand würde mir
folgen und plötzlich rufen: „Halt! Irrtum!"
Seit drei Wochen haben wir überhaupt kein Fett
bekommen, und nun sitzen wir hier und bestaunen
einen ganzen Liter reines Olivenöl! Dazu Kaffee,
Kakao, Milchpulver, Zucker, Schokolade und – Seife,
die *duftet* und *schäumt!* Einige Dinge hatten wir schon
ganz vergessen, und andere kannten wir noch gar
nicht. Ich mußte erst mit meinem „fließenden" Schwedisch übersetzen, wie eigentlich die ganze Herrlichkeit
zubereitet wird.
Wir sind ganz betroffen vor Freude – wie können wir
Dir nur danken?

Flüchtlingskind –
Januar 1946   Sigrid Wodarzik.

Ich schicke in diesem Brief eine kleine Zeichnung von
mir mit, die ich sehr liebe – vielleicht gefällt sie auch
Dir?
Deine dankbare deutsche Freundin!

Düsseldorf, den 26. Februar 1947

Lieber Nils!

Fast immer, wenn wir glauben, es geht nicht mehr weiter, weil die Not von Tag zu Tag bedrückender wird, kommt eine Nachricht vom Zollamt, die ein „Care"-Paket von Dir ankündigt, und wir alle schöpfen wieder etwas Hoffnung und neuen Mut.

In diesem Winter ist die Kälte noch härter, als im vorigen Jahr! Ja, selbst „Vater" Rhein hat sich nun völlig ergeben, denn die Eisschollen, die er vor sich hertreibt, wirken wie unzählige Friedensfahnen.

Nun aber ist er mit all seinen Nebenflüssen dicht zugefroren, und Lebensmittel, die vielleicht verteilt werden könnten, liegen auf den im Eis festgefrorenen Schiffen.

Auch in den Wohnungen friert es, denn wir haben auch in diesem Winter wieder keine Kohlen bekommen, und man kommt selbst bei der Nacht nicht aus der Kleidung heraus – im Gegenteil – man zieht noch mehr an, vor allem auf den Kopf.

Die Wasserleitung ist geplatzt, und man muß sich für den ganzen Tag eimerweise von irgendwoher Wasser besorgen. Aber über Nacht friert es, und wenn gerade Stromsperre ist, kann man es nicht auftauen, und man muß sich mit Eisstückchen waschen.

Ich habe vom Frost an Händen und Füßen tiefe Risse bekommen, die tun ganz schön weh!

Ein böser Winter! Ich glaube, in meinem ganzen Leben mag ich nie mehr Schnee sehen!

Deine eisige deutsche Freundin.

Selbstportrait – Sigrid Wachenfeld, Winter 1947.

Düsseldorf, den 4. April 1947

Lieber Nils!

Es ist nicht zu fassen, aber es friert immer noch – seit fünfzig Tagen!

Die Glyzerin-Creme, die Du mir schicktest, ist wunderbar! Jede Nacht verbinde ich damit meine Hände und Füße, ich glaube, die wird mir bald helfen!

Von mir kann ich sonst leider nicht viel Gutes berichten. Seit einiger Zeit zeigen sich Hungerödeme – das sind schmerzhafte Schwellungen am ganzen Körper und immer wieder neue Entzündungen, die nicht reifen und daher geschnitten werden müssen. Das geschieht ohne Betäubung, weil es kaum noch Narkosemittel gibt. In diesem Jahr sollen alle, die ein Stückchen Land besitzen, Mohn anpflanzen, damit Opium gewonnen werden kann. Aber viele nehmen lieber die Schmerzen auf sich, und bauen, selbst in den Blumenkästen am Fenster Tabakpflanzen an, um etwas zu rauchen zu haben. Wir nennen solche Zigaretten: Marke „Michels Stolz".

Das lange Stehen vor der Staffelei fällt mir recht schwer, und ich muß oft eine Pause machen, weil mir schwarz vor Augen wird, aber den anderen geht es nicht besser.

Das einzige, was wir nicht entbehren müssen, sind Konzerte, Opern und Schauspiel. Aber natürlich sind auch hier die Räume kalt, und wenn der Strom ausfällt, sitzt man im Dunkeln. Im Dunkeln muß man dann auch nach Hause durch den Schnee stapfen, denn

86

die Straßen sind unbeleuchtet, wie im Krieg, und die Straßenbahn fährt natürlich auch nicht. Nach einem solchen Tag ist es besonders schön und tröstlich, einen Brief aus Schweden vorzufinden, aus einer Welt, die für uns alle hier für immer verloren zu sein scheint.

Eben beginnt mein jüngerer Bruder in seinem kalten Zimmer Beethoven zu spielen, da beende ich besser meine „Klapperei" und höre ihm zu.

Deine allmählich ein wenig verzagte deutsche Freundin.

Sigrid Wachenfeld – Winter 1947.

Sigrid Wachenfeld   Düsseldorf-Oberkassel
                                       24. August 1947

Liebe Sonja – lieber Nils!

Ich komme gerade aus der Eifel zurück, wo wir mit der
Kunstschule für zwei Wochen waren, um zu malen.
Wir haben von den Bauern schöne Kartoffeln zu essen
bekommen! Da finde ich Euern lieben Brief mit dem
schönen Hochzeitsfoto vor.
Meinen allerherzlichsten Glückwunsch für Euch
beide!
Ich sende Euch ein kleines Bild, das ich in der Eifel
gemalt habe – eine Gruppe Kinder, bevor sie Mumps
bekamen, und während sie ihn hatten! Das sah so
lustig aus!
Nun schreibe ich für die Zukunft an Euch alle beide –
und – liebe Sonja: herzlich willkommen!
Eure deutsche Freundin.
Übrigens, aus diesem besonderen Anlaß schicke ich
Euch meinen letzten Bogen „gutes" Papier.

Dorfkinder vor dem

– Sigrid Wochenfeld –

imps"

Dorfkinder
mit „M...

" Sigrid Wochenfeld

Düsseldorf, den 17. Januar 1948

Liebe Sonja!
Lieber Nils-Freund!

Das größte Ereignis des Tages ist immer ein Brief von Euch aus Schweden, denn wir leben ja hier noch immer wie in einem Käfig.

Manchmal habe ich eine solche Sehnsucht nach Schweden, daß ich zum Düsseldorfer Hauptbahnhof gehe, um wenigstens den Zug zu sehen, der aus Schweden kommt: Stockholm – Kopenhagen – Paris! Der ist blitzblank und stahlblau wie der Zeppelin, und gleitet ganz lautlos an dem verkommenen Bahnsteig entlang.

Wie gerne würde ich wenigstens ein paar Worte schwedisch sprechen, aber die Türen bleiben fest verschlossen, denn man befürchtet ein Erstürmen des Speisewagens! Die Fahrgäste sehen erschrocken aus, sie starren in unsere Trümmerwelt, und ich schäme mich.

Aber wenn der Zug wieder abfährt, öffnen sich die Fenster einen Spalt, und es fliegen Brötchen, Schokoladenstückchen und Zigaretten auf den staubigen Boden, wo die Menschen sofort darüber herfallen.

Ich sollte nicht so traurige Briefe schreiben, aber – was sonst kann ich von hier berichten?

Eure deutsche Freundin, die wenigstens viel zeichnet.

94

Auf dem Bahnhof – Flüchtlingskinder 1945.

_im Wachesaal. 1947

Düsseldorf-Oberkassel,
den 3. März 1948

Liebe Sonja – lieber Nils,

darf ich es wagen, Euch um ein Paar alte Schuhe zu bitten? Ich habe nur noch selbstgemachte aus geflochte-
nem Stroh und gehäkeltem Bast. Aber die wärmen
nicht, und ich überlege mir jeden Weg, damit sie nicht
zu schnell verschlissen sind.
Bitte, seid nicht böse über meine Bitte – einmal muß ja
auch der Sommer wiederkommen, dann laufe ich eben
barfuß.
Viele liebe Grüße von Eurer deutschen Freundin, die
allmählich ein ganz schlechtes Gewissen hat!

Irgendwo in den Ruinen Düsseldorfs 1945.

Düsseldorf-Oberkassel,
den 5. Mai 1948

Liebe Sonja und lieber Nils!

Die Schuhe sind angekommen!!! Sie passen genau und ich bin über einen solchen kostbaren Besitz ganz fassungslos!
Nun traue ich mich kaum, sie auf der Straße anzuziehen, weil sie so schön sind (mit Kreppsohle!). Die werden mich im nächsten Winter bestimmt warm halten, und ich bekomme sicher keinen Frost!
Ich weiß nicht, wie ich das alles jemals gut machen soll. Ich weiß auch nicht, ob Euch ein Bild von mir gefallen würde, denn die letzten habe ich mit schwarzer und brauner Schuhkreme gemalt, weil ich keine Farben hatte. Es sind immer wieder „Wartende Kinder" – so wie ich! Am liebsten würde ich mit meinen neuen Schuhen bis nach Schweden laufen!

Eure dankbare deutsche Freundin.

Wartende Kinder

Siegward Sprotte

Der Prinz

Das „Bezugsschein-Amt" bedeutete für den Nachkriegsbürger immerhin einen Hoffnungsschimmer zur Erlangung eines Kleiderstückes, und war daher einigermaßen beliebt, obwohl man – laut Statistik – bei dem ungeheuerlichen Bedarf zweihundertundsechzig Jahre hätte warten müssen, um beispielsweise in den Besitz eines Mantels zu gelangen. Das „Wohnungsamt" dagegen war von jenen Beneidenswerten gefürchtet, die noch über eine unversehrte Wohnung verfügten, da „überflüssige" Zimmer auf unabsehbare Zeit an Flüchtlinge vergeben wurden. Damit war natürlich auch verbunden, Küche und Bad mit Fremden zu teilen.

Eine solche Möglichkeit war besonders für meinen Vater ein Alptraum, da er sich selbst im tiefsten Frieden niemals an einen Tisch dazu gesetzt hätte, an dem bereits ein anderer saß, und als wir eines Tages erfuhren, daß auch für unser Haus eine Kontrolle bevorstand, sannen wir nach einer List, die angesichts der bitteren Not ganz gewiß nicht gerade als besonders christlich angesehen werden konnte.

Immer, wenn mein Vater glaubte, an seinen Kindern ein Talent zu entdecken, bekam man sofort Privatunterricht, und mein älterer Bruder, der am liebsten am Flügel saß und komponierte, wurde seit Jahren von

Herrn Theo Kreiten in der Harmonielehre unterwiesen. Kaum war er aus der Gefangenschaft zurückgekehrt, nahm er seine Studien wieder auf, und das sollte sich bedeutungsvoll auswirken!

Mein jüngerer Bruder aber hatte es sich seit einiger Zeit zur Gewohnheit gemacht, alle an ihn gestellten Fragen singend zu beantworten, und allmählich begann man mehr auf den Klang seiner Stimme als auf den Wortlaut zu achten. Schließlich wurde er kurzentschlossen zu Frau Hilde Krauß geschickt, welche zwar selber nicht singend, aber die Gattin des Düsseldorfer Intendanten Otto Krauß war, und an ihre Haustüre das Schild „Gesangsausbildung" geheftet hatte.

Als nun eines Tages einige Herren vom „Wohnungsamt" erschienen, klang ihnen die überaus vielfältige Welt der Musik entgegen: mein älterer Bruder saß am Flügel und hatte sämtliche Register gezogen, um Mozarts Variationen „Ah – vous dirais- je, Maman . . ." der Melodie ähnelnd „Morgen kommt der Weihnachtsmann" durch weitere Variationen womöglich noch zu übertreffen, woran er bereits seit Monaten arbeitete, freilich aber letzten Endes scheitern mußte. Mein jüngerer Bruder indes bestach die überraschten Herren gestenreich durch die kunstvolle Arie des Bürgermeisters aus „Zar und Zimmermann" von Albert Lortzing mit der hinreißenden Kraft seiner Baß-Bariton gelagerten Stimme.

Ein derartig geballter Kunstbeweis wirkte so beeindruckend, daß die Herren vom Wohnungsamt ihr eigentliches Anliegen zunächst vergaßen und in Zwiespalt gerieten, wem sie ihr Ohr leihen sollten: dem

variablen Weihnachtsmann oder dem selbstbewußten Bürgermeister. Jedenfalls kam man einmütig zu der Ansicht, daß hier Beschränkung fehl am Platze sei, und sie verabschiedeten sich, indem sie rückwärts das Zimmer verließen.

Um ein weiteres Eindringen in unser Haus zu verhüten, hatte ich gegen vier „Ami"-Zigaretten zwei Studenten von der Kunstakademie gewinnen können, die in einem anderen Zimmer ihre Staffeleien aufgebaut hatten, und nun die Auskunft gaben, in Wuppertal ausgebombt zu sein, aber glücklicherweise in diesem Hause eine Bleibe gefunden hatten, die dem erstrebten Ziele ihres Berufslebens von größtem Nutzen sei.

So war für uns alles glimpflich verlaufen, aber Frau Möhl sorgte für eine neue Aufregung. Sie berichtete, das Wohnungsamt habe ein Zimmer bei ihr beschlagnahmt, aber das sei nicht das Schlimmste, sondern die Tatsache, daß man ihr einen Prinzen zugeteilt hatte, einen richtigen Prinzen! Alle Unbill und Widrigkeit gleich zweier Weltkriege habe sie bewältigt, Gott allein wisse, wie. Nun aber sei sie überfordert, und fühle sich außerstande, auch noch eine Königliche Hoheit zu beherbergen.

Ja – das war nun wirklich eine diffizile Angelegenheit, für die selbst mein Kaiser-treuer Vater keine Lösung fand. Niemand wußte, wie Prinz Maria Emanuel, Herzog zu Sachsen, anzureden war, welche Speisen ihm aufgetragen werden durften, die sowieso nirgendwo aufzutreiben waren. Die gesamte Bettwäsche war vielfach gestopft, und daher für ein erlauchtes Haupt kaum zumutbar, und in dem Raum, den selbst der

Immer wieder Strümpfe stopfen! 1947.

Gesichter einer Zeit.

„Stromsperre" – Winter 1947.

110

König zu Fuß erreichen mußte, gab es für hochnot-peinliche Zwecke lediglich Zeitungspapier.

Allem voraus erging nun die Anfrage, ob ein Möbel-stück mitgebracht werden dürfe. Dieses stellte zwar keine Barockkommode dar aus edlem Gehölz mit Intarsien verziert, war aber dennoch sensationell: angeliefert wurde ein mannshoher Schrank rundum aus geblümtem Plastikstoff, und zu öffnen mit einem Reißverschluß!

Wie man wenige Tage nach seiner Ankunft erfuhr, löste der Prinz alle übriggebliebene Ratlosigkeit auf recht artige und bescheidene Weise mit einem steten: „Zu gütig, und tausendsten Dank!" hervorgebracht mit einem noblen Anflug seiner sächsischen Heimat-sprache.

Da er Kunst studieren wollte, gab ihm Frau Möhl den Rat, sich an mich zu wenden.

Das war viel Ehr', brachte für mich aber sofort ein kaum zu lösendes Problem:

Was sollte ich bei einer solchen Begegnung anziehen? Nach acht Jahren Kleidermangel war die Auswahl nicht gerade üppig. „Alles! Bloß keine langen Hosen!" rief mein Vater, dem „Männerkleidung" für die Damenwelt ein Greuel war. Schließlich wurde beschlossen, aus den noch vorhandenen, schweren Samtgardinen des Herrenzimmers ein „Stilkleid" zu fertigen. Da aber durch die ständigen Stromsperren unsere Nähmaschine „außer Betrieb" war, mußte das höfische Gewand Stich für Stich mit der Hand zusam-mengenäht werden.

„Recht so!" lobte mein Vater beruhigt, wenn auch ein

wenig betrübt über den Verlust seines Fensterschmuk-
kes, als ich mich, ehe der Unterricht begann, noch einmal zur Prüfung vorstellte.

Wie mochte nun übrigens der Prinz eigentlich aussehen? Immerhin zählte August der Starke zu seinen
unmittelbaren Vorfahren! Natürlich erwartete ich
nicht, daß er zu seiner Zeichenstunde in Purpurseide
und Zobelpelz gekleidet erscheinen würde, aber
jedenfalls war doch anzunehmen, daß er sich durch
irgendeinen stillen Glanz von der gemeinen Menge des
Volkes abheben würde.

Aber als ich die Türe öffnete, stand vor mir ein blei-
cher, magerer junger Mann von eher zierlicher
Gestalt, der in der Jacke seines blank gewetzten
Anzugs zu versinken schien, während die verbeulten
Hosen „Hochwasser" anzeigten, und daher die gro-
ben, viel zu großen Schnürstiefel sichtbar wurden.

Seine Hände waren feingliedrig und wirkten zart.
Aber das täuschte: bei der Begrüßung packten sie so
kraftvoll zu, daß August der Starke darüber gewiß
mehr Freude als ich empfunden hätte. Immerhin
bewiesen sie unerschrockene Entschlossenheit, seinem aus der Bahn geworfenem Leben ein neues Ziel
zu geben.

Trotz der erbarmungswürdigen Kleidung war die Haltung des Prinzen kerzengerade, die Nase in dem
schmalen Gesicht von einer Form, wie ich sie mir
immer gewünscht hätte, und über den stahlblauen
Augen waren die Augenbrauen in kühnem Schwung
zusammengewachsen. In strahlender Vorfreude auf
den Unterricht betrat er unser Haus, so daß man

Alter Mann in Uniformmantel.

augenblicklich die fürstliche Armut vergaß, und wir begannen seine mitgebrachten Kunstproben zu betrachten.

Es war schwierig, zu den Kritzeleien Freundliches oder Ermunterndes zu sagen, aber der Prinz brachte für sein Weiterkommen einige wichtige Voraussetzungen mit: Geduld und Fleiß. Tagelang saß er vor den Falten eines Küchenhandtuchs, das ich ihm zur Aufgabe gestellt hatte, und vesuchte, diese nachzuempfinden. Ohne die Lust oder den Mut zu verlieren ließ er es geschehen, daß ich immer wieder alles auswischte, und begann unverzagt von neuem.

Gelegentlich reiste der Prinz nach Hannover zu der mit seiner Familie befreundeten „Bahlsen"-Keksfabrik. Derlei Reisen wurden von mir insgeheim freudig begrüßt, da er nach seiner Rückkehr den Unterricht

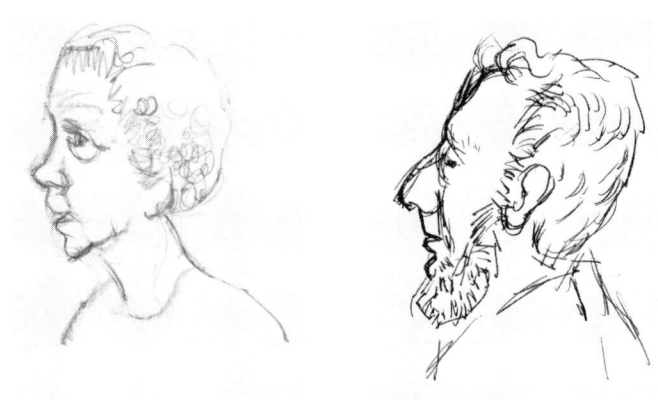

Aus meinem Skizzenblock.

durch Zwieback mit Vanillegeschmack beglich, und
Zwieback gab es sonst nur für Babys.

Nach einigen Monaten waren seine Leistungen so fort-
geschritten, daß er seine Zeichnungen an der Kunstakademie vorweisen konnte, und dort aufgenommen
wurde. Prinz Maria Emanuel, während des letzten
Kriegsjahres als Siebzehnjähriger vom Volksgerichts-
hof zu acht Monaten Kerkerhaft verurteilt, war tief
religiös, und hatte auch jetzt noch nicht den Glauben
an das Gute im Menschen verloren. Er unterzeichnete
daher bereitwillig und ohne Arg „Bitte, unten rechts!"
Papier und Leinwände, die findige Studenten ihm
reichten, mit seinem vollen Namen und sämtlichen
Titeln. Nicht ahnend, daß diese das Ganze mit ihrer
Zeichnung und Malerei versahen und damit zum
Schwarzmarkt eilten, wo die Händler schon warteten,
um Kunstwerke von Prinzenhand gegen eine Stange
Zigaretten oder „Butterschmalz" einzutauschen.

114

Wartender auf dem Bahnhof.

Kinder auf dem Schwarzmarkt. 1947.

Sigid Eichenfeld
1947

Kinder auf dem Schwarzmarkt.

Maisbrot mit Rübenkraut

Mein Vater hatte sich in vielen Monaten ingrimmig und mit einer Mitleid erregenden Verbissenheit ein fließendes Englisch und Französisch beigebracht.

Da er geschäftlich viel ins Ausland reisen mußte, meinte er eines Tages, daß er sich ganz dumm vorkäme, wenn immer jemand daneben säße, der im Grunde mit der ganzen Sache überhaupt nichts zu schaffen habe, um sein Vorhaben zu übersetzen. Außerdem sei es unhöflich, seinem eigentlichen Gesprächspartner nicht in die Augen zu sehen. Vor allem aber hielt er das Sprachstudium für eine wichtige Voraussetzung, andere Länder besser zu begreifen. Darüber hinaus jedoch liebte er die deutsche Sprache über die Maßen und deklamierte in stillen Stunden mit seiner kraftvollen Stimme voller Bewunderung Schillers „Bildnis zu Sais" oder den „Ring des Polykrates", ohne daß ihm jemand zuhören mußte.

Er mochte es nicht, wenn man die deutsche Sprache mit Fremdwörtern vermischte, und tat schon aus diesem Grunde die berühmt-berüchtigten Reden eines Ministers des „Tausendjährigen Reiches" mit den Worten ab: „Dieser Mensch kann ja nicht einmal richtig Deutsch!"

Abgesehen davon, daß es damals weder einen „Coiffeur" oder „Hair-Styler" gab noch einen „Natural Hair-Shop", ein „Haar-Studio" oder gar eine „Hair-

Eine neue Puppe!
Sigrid Wischenfeld 1947

119

Boutique", sondern unmißverständlich einen durch das „ö" verdeutschten „Frisör", pflegte mein Vater, wenn sein leider ziemlich spärliches Haar ein wenig gewachsen war, anzukündigen, daß er zum „Haarschneider" müsse.

Herr und Frau Bruns, die Inhaber des „Frisör"-Salons an der Markgrafenstraße, waren beide von mächtiger Gestalt, aber wie häufig bei etwas füllig geratenen Menschen, zart besaitet und voller Geduld. Den ganzen Tag über begleiteten sie mit einem anteilnehmenden „Ach!" – „Oh weh!" und „Nicht möglich!" die oft aus reiner Langeweile entstandenen Seelenbeichten ihrer Kunden und wußten erprobte Mittel gegen Bauchschmerzen, Appetitlosigkeit und Krampfadern.

Herr Bruns, den man für einen Zwillingsbruder von Leo Slezak halten konnte, im Gegensatz zu diesem aber von eher scheuer Natur, stand gerne in der geöffneten Türe seines Geschäftes, über der ein goldglänzendes, rundes Messingschild, das stolze Zeichen seiner Zunft, im Winde baumelte. Er trug einen weißen Kittel mit blauen Aufschlägen, die seinen Beruf bezeugten, und in der oberen Tasche steckte, für jedermann sichtbar, ein schwarzer, enggezackter „Staubkamm", den man aber insgeheim „Läusekamm" nannte. Mit diesem pflegte er zunächst einige Male auf seine offene Handfläche zu knallen, ehe er sein Werk begann, und erzeugte dadurch eine spannungsgeladene Neugier. Für Jungen, die brüllend zu ihm gezerrt wurden, weil sie sich vor seiner langen Schere fürchteten, brachte er auf dem drehbaren Lederstuhl, während er in seiner ruhigen Art mit der

Zunge schnalzte, einen Pferdekopf aus Holz an, so daß die Tränen alsbald versiegten und nur ein gelegentlicher Schluckauf an die vorangegangene Aufregung erinnerte.

Frau Bruns war eine sehr mütterliche Frau und wartete bereits seit neun Jahren vergeblich auf ein Töchterchen oder „'ne Jung'". Sie freute sich besonders, wenn die Kinder aus Anlaß der Kommunion oder Konfirmation zu ihr geschickt wurden, um ihnen, ohne Ansehen ihrer Glaubenszugehörigkeit eine Festtagsfrisur herzurichten. Es geschah dabei niemals, wie so häufig bei Josefine, daß beim Abspülen Seife in die Augen geriet, und das nasse Haar wurde so sanft ausgekämmt, daß es nicht weh tun konnte. Außerdem sagte sie jedes Mal, daß man Haar wie Seide hätte. Zu einem wohlverdienten Ruhm aber hatten ihr die selbstgemachten Haarpackungen verholfen, die aus einem frischen Ei, Zitronensaft und noch etwas hergestellt und so lange in die Kopfhaut eingerieben wurden, bis alles gut getrocknet war. Diese zusätzliche Mühe gab es freilich kaum irgendwo, und alle waren daher außerordentlich betrübt, als Herr Bruns bekanntgab, daß er die Absicht habe, seinen Frisörsalon aufzugeben. Die Ursache lag darin, daß die Firma „Elida" ein neues Shampoo entwickelt hatte, welches zwar mehr schäumte, bei Frau Bruns aber Juckreiz verursachte und auf ihrer vielbewunderten Pfirsichhaut blaßrote Flecken hinterließ.

Doch zur Überraschung und zum Erstaunen ihres mindestens bis zum Drakeplatz reichenden Kundenkreises eröffneten Herr und Frau Bruns kurzentschlossen in der Brend'amourstraße einen Bäckerladen, dem die Oberkasseler, gemeinhin eher als traditionsbefangen bekannt und daher Neuerungen abhold, unverzüglich das gleiche Vertrauen entgegenbrachten, wie sie es zuvor mit ihren Köpfen getan hatten. In kurzer Zeit waren der Bienenstich von Bruns, aus dem goldgelber Vanillepudding quoll, und der von einer zentimeterdicken Zuckerkruste überdeckte Streuselkuchen ebenso begehrt wie die Haarpackungen. Da aber Herr und Frau Bruns nunmehr das Los aller Bäcker teilen und zu nachtschlafender Zeit aufstehen mußten, konnten sie den Erzählungen ihrer Kunden vielfach nicht mehr die gleiche Aufmerksamkeit schenken und nutzten jede Gelegenheit, in der sie sich unbeobachtet fühlten, und gähnten minutenlang im Verein, daß ihnen die Tränen kamen.

Nach dem Kriege, den beide mitsamt der Bäckerei unversehrt überstanden hatten, waren, wie überall, auch ihre Regale die meiste Zeit leer, und im Schaufenster fristeten Spargelkraut und Sansevieria ein blütenloses Dasein. Nur wenn jemand aus der Familie, die endlich, während einer Bombennacht, um einen kleinen Sohn bereichert war, Geburtstag hatte, wurden ein paar Tulpen oder Nelken dazugestellt, ohne allerdings damit Eßbares zu verheißen.

So quälten sich auch Herr und Frau Bruns, nur noch selten gähnend, mit grauem Mehl durch die Zeiten und machten enttäuschte Gesichter, weil sie ihrer Fantasie, welche sie von ihren Frisuren so erfolgreich auf die Teigwaren übertragen hatten, keine weiteren Entwicklungmöglichkeiten bieten konnten. Immer öfter

Ein Brot!

mußte Frau Bruns auf die Nachfragen ihrer Kunden bekümmert antworten: „Ham mer leider nich!", und immer öfter klebte vor der verhangenen Ladentür das Schild: „Wegen Mehlmangel geschlossen!"

Endlich sollte nach vielen verzweifelten Hungerdemonstrationen im besonders betroffenen Rhein-Ruhr-Gebiet Mais aus Amerika entsandt werden, doch von einer solchen Hilfe versprachen sich die Düsseldorfer keine segensreiche Zukunft und meinten: „Brötchen aus Futter für die Hühnerkes? Mer ham doch keine Schnäbel für um zu picken!"

Doch der Mais wurde zu Mehl vermahlen, und die geplagten Bürger mußten sich auch hier – was blieb ihnen anderes übrig? – mit Gleichmut abfinden. Immerhin, so trösteten sie sich, war Maisbrot besser als gar keines, und eines Tages war das Schaufenster bei Bruns, wie bei allen anderen Bäckern auch, randvoll gefüllt mit quittegelben Backwaren.

Nun erfolgte ein von Anbeginn hoffnungsloser Wettstreit, wer aus dem Mais ein genießbares, „leckeres" Brot oder gar einen Tortenboden backen könne, aber wie immer die Bäcker ihre Rezepte ergrübelten, Gebäck und Brot gerieten knochenhart und waren trocken wie Stroh. Es nutzte auch nichts, dieses in Ermangelung von Butter oder Wurst mit dem in besseren Zeiten so beliebten und immer noch vorhandenen rheinischen Zuckerrübenkraut zu bestreichen, nach welchem selbst die glücklichen, rechtzeitig aus Deutschland Ausgewanderten, Heimweh bekamen, wie übrigens auch nach dem ebenfalls von der Bildfläche verschwundenen „Düsseldorfer Mostert", der jedoch alsbald in Amerika seinen Siegeszug hielt und schließlich in manchem „Care-Paket" als Senf auf „Düsseldorfer Art" wiederzufinden war.

Seit geraumer Zeit hatte die „Rheinische Post" den bedrückten Bürgern ein wenig dazu verholfen, das Los, für alles und jedes in einer langen Schlange zu warten, also auch für die Zeitung, zu erleichtern.

Sie lag eines Tages, wie von einer unsichtbaren Fee beschert, vor der Haustüre, und nun erfuhr man für die nächste Zukunft zweimal wöchentlich zuverlässig, was sich im übriggebliebenen Trümmerhaufen Europas ereignete. Nach diesen Nachrichten aus aller Welt, die natürlich über die ersten mühevollen, aber tröstlich-überwältigenden Ereignisse eines neuen Kulturanfangs berichteten, hatten die unvermindert darbenden Bürger ungleich mehr Heißhunger als auf das frischeste Maisbrot, das übrigens obendrein noch kärglich zugeteilt wurde.

Allerdings erfuhr man auch von schnöden Begebenheiten, die in Kleinanzeigen offenbart wurden.

Gestohlen:

„Nähmaschine, Marke ‚Frister und Rastmann‘. Rückgabe gegen Märklin-Baukasten."

„Sieben Hühner, ein Hahn, Belohnung: 4000 Mark."

„Ein Kirschbaum, vier Beerensträucher. Die erkannte Person erhält Maßanzug bei Rückgabe."

„Ein Milchschaf, auf den Namen ‚Hanni‘ hörend, sowie Rodelschlitten entwendet. Auch für Hinweis über Verbleib Abgabe von Sonderzuteilung Wirsing."

„Ein Paket gestempelter Bezugscheine. Gebrauch derselben zwecklos, da Täter bekannt."

Aber man las auch unterhaltsame und erstaunliche Meldungen:

„Morgenrock, bunt, abends Graf-Adolf-Straße bis Hauptbahnhof verloren. Da Andenken, wird der beobachtete Finder um Rückgabe ersucht."

„Kindertrachtenanzug aus kräftigem Kartoffelsackleinen zu verkaufen."

„Taufkleidchen mit Rüschen aus kanadischer Fallschirmseide gegen Dörrobst zu tauschen gesucht."

Das Ende dieses trüben, schicksalsträchtigen Jahres neunzehnhundertsiebenundvierzig aber beschloß die „Rheinische Post" mit einer aufrüttelnden Ermunterung. Unter das Bild eines gelassen lächelnden Mannes im vielfach geflickten Arbeitsanzug und übermütig schief aufgesetztem Zylinder war zu lesen:

„Mer loße der Mohd nit sinke!"

Nach einem Foto aus der „Rheinischen Post".

127

Ein Hoppeditz-Erwachen

Zu den klebrig-zähen Mahlzeiten von Maisbrot und Rübenkraut zählte auch der Brei aus Graupen mit nichts. Graupen hatten zwar den unschätzbaren Vorteil, um ein Fünffaches aufzuquellen, wenn man sie über Nacht mit Wasser eingeweicht hatte, waren aber dennoch ein unsäglich niederdrückendes, graues Gericht, das in früheren Zeiten ausschließlich Enten und Gänsen als „Götterspeise" verabreicht wurde, doch diese Tierchen gab es nur noch insgeheim und vereinzelt, und so schien der Vorrat an Graupen nimmermehr erschöpft zu sein.

Der ebenfalls nicht enden wollende, alle Hoffnung auf bessere Tage vernichtende Frost, das Leben in ungeheizten Wohnungen, das stundenlange Warten in Schnee und schneidendem Ostwind auf die Straßenbahn, bei deren Eintreffen die Menschen bereits auf den Trittbrettern wie Eisklumpen hingen, ließen wenig Raum für Späße. Es gab weder „Obergäriges" noch sonstigen Alkohol, um die Leute ein wenig bei Laune zu halten, und von dem bräunlichen, angeblich mit Malzzusatz hergestellten Gebräu, ebenso unergründlich wie unverbindlich „Stabie" genannt, ging das Gerücht, ein mißtrauisch gewordener Bürger habe hiervon eine Probe an die hiesige Veterinäranstalt gesandt und umgehend den Bescheid bekommen: „Das Pferd hat Zucker!", so daß dies auch nicht mehr sonderlich gefragt war, obwohl es mit dem neuen Namen „Dünnbier" auf den Markt gekommen war.

Dennoch unternahmen die hartgeprüften Bürger im „Maisjahr" neunzehnhundertsiebenundvierzig, wie sich überraschend herausstellte, den wohlgelungenen Versuch, dem rheinischen Karneval nach siebenjähriger Entsagung zu neuem Leben zu verhelfen. Sozusagen mit letzter Kraft strömten Hunderte von Düsseldorfern in den zu diesem Zwecke mit Heißluft beheizten Zirkus „Wiliams", einmütig von dem Wunsche beseelt, einem offenbar ausweglosen Schicksal wenigstens für einige Stunden den Garaus zu machen und einmal wieder richtig „jeck" zu sein. Behangen mit dem allerletzten Plunder und mit Schminkresten bemalt, brachten sie etwas mit, das selbst auf dem Schwarzmarkt nicht zu erhandeln war: den so berühmten und liebenswerten Sinn der Rheinländer für „Jux und Dollerei" und dem so simplen, aber mitreißenden „Spaß an der Freud".

Mein jüngerer Bruder, der es uns allen voraus hatte, mit Rheinwasser getauft zu sein, fühlte sich zu Recht von Anfang an als „echte Düsseldorfer Jong'" und hatte eine natürliche Begabung mit auf die Welt gebracht, Feste zu feiern.

Da er während des Krieges, kaum fünfzehnjährig, bis dahin von meiner Mutter als erwünschter Nachkömmling ihr „Verwöhnchen" genannt, in Grimlinghausen als Flakhelfer gegen den übermächtigen Feind zu feuern hatte, holte er nun in reichlichem Maße auch für

„Der erste Karneval nach dem Kriege 1947".

Sigrid Sonenfeld 1947

die Zukunft jene irdischen Freuden nach, um die man ihn so schmählich betrogen hatte. Sein immer bereiter, schlagfertiger Humor, die vollkommene Beherrschung Düsseldorfer Mundart und eine spontane Redebegabung mit bühnenreifer Gesangseinlage machten ihn weithin, bis nach Moers, zu einem höchst willkommenen Gast, dessen Name allein auf der Liste eines Festes genügte, um ein Gelingen desselben zu gewährleisten.

So geschah es, daß er beim Karnevalsfest im Oberkasseler Tennisklub „Grün-Weiß e. V." stürmisch als Büttenredner gefeiert und außerdem einstimmig gebeten wurde, als erster „Hoppeditz" nach dem Kriege seines Amtes zu walten, was dieser auch in wahrhaft vorbildlicher Ausdauer besorgte.

Sein erfindungsreicher Freund Klaus Bauer jedoch, dessen Vater beim „Schwann"-Verlag die Druckerpressen mit Alkohol reinigte, hatte diesen trotz Explosionsgefahr zu Schnaps entwickelt und ihm den Namen „Tiefdruck-Wacholder" verliehen. Mit dieser Spende verhalf er dem Fest zu weiteren Höhepunkten, während die allgemein gequalmten, aus selbstgezogenem, mit Schafsmist oder Pferdeäpfeln gedüngtem Tabak „gefriemelten" Zigaretten einen kräftigen Stallgeruch hinterließen.

Das meist gesungene, von jeglichem Druck befreiende Karnevalslied in jenen Tagen aber bestand nur aus einem einzigen Satz, der nächtelang in Dur und Moll wiederholt wurde, insbesondere meinem Vater so recht zu Herzen ging und lautete: „Wir wollen unsern alten Kaiser Wilhelm wiederhaben – tärätätä!"

„*Ein Hoppeditz-Erwachen 1947*".

Veränderungen

Die täglich zu bewältigenden Schwierigkeiten zu über-
leben, bedeuteten auch eine Ablenkung von der
Anspannung der vergangenen Jahre. Sie überdeckten
seelische Schäden, die ohne Frage jeder von uns davon
getragen hatte, und offenbarten sich nun auf vielfältige
Weise.

Frau Heidenreich, die immer äußerst „etepetete"
gewesen war, konnte man nun in der Lebensmittel-
schlange mit einem Morgenrock unter dem dünnen,
verschlissenen Mantel sehen, wie sie auf offener
Straße eine Zigarette nach der anderen qualmte, was
bis dahin kaum der einfache Mann aus dem Volke
getan hätte.

Herr Bongarts sen., zu anderen Zeiten recht schneidig
dahineilend, trottete nun hemdsärmelig und gleichgültig mit einem aus Luftmaschen gehäkelten Einkaufs-
netz über die Luegallee.

Frau Hermes, die noch lange nicht mit jedem sprach,
weil ihr Mann Kontrolleur bei der Rheinbahn gewesen
war, hatte erwiesenermaßen bei Knoop ein Päckchen
„Wackelpeter", das ihr nicht zustand, mitgenommen,
und versuchte nun recht bedrückt, mit jedermann ins
Gespräch zu kommen.

Frau Welters, von jeher Witwe gewesen, und deren

harten, eiligen Schritt man schon von weitem erkennen konnte, hatte alle ihre Kinder mit einem strengen ungeduldigen: „Wird's bald!" erzogen. Sie sah man nun, von zwei wilden Enkeln umtobt, ohne daß diese von ihr gerügt wurden, in einem Gespräch voller Muße mit Frau Menke, obwohl beide einander jahrelang gram gewesen waren.

Mein älterer Bruder hatte das Komponieren aufgegeben, und arbeitete nun, mit mehr Erfolg an einem Rezept „Heizen ohne Kohle". Er goß angerührten Zement in Gänseeier ähnliche Formen und umwickelte die hart gewordenen Stücke mit sattsam von Schmieröl getränktem Zeitungspapier. Zwar verbreiteten diese Zementeier einen unbestimmbaren Gestank, aber der kleine Ofen, von Tante Laura geerbt, und nun wieder zu Ehren gekommen, erwärmte sich, während dem zum Fenster herausgeführten Ofenrohr pechschwarzer Qualm entwich.

Mein jüngerer Bruder hatte leider, und – wie er sagte – mangels Fleischbrühe, den Gesangsunterricht aufgegeben. Er widmete sich statt dessen, dem allgemeinen Trend folgend, einer Erfindung, die verlockend war, und zukunftsträchtig schien: mittels eines selbstgebastelten Destilliergerätes, dessen Schläuche und Reagenzglaser durch die ganze Wohnung geleitet wurden, konnte man Likör herstellen. Zu diesem Zwecke hatte er eine nicht genannte Menge Zucker im Tausch für seinen angeblich hundertjährigen Papagei erworben, da dieser mangels Sonnenblumenkernen sowieso nicht mehr ernährt werden konnte und bissig geworden war. Aber das als so erfolgreich empfohlene Rezept war

136

offenbar nicht frei von Fehlern oder unvollständig. Jedenfalls sank der Zucker nach spannungsreichen Wochen zu einer trüben, grauen Masse zusammen, und der Alkohol verdunstete, ohne auch nur einen schwachen Duft, geschweige denn Likör zu hinterlassen.

Mein Vater aber schrieb tagelang handschriftliche Angebote an Firmen, von denen niemand wußte, ob sie überhaupt noch vorhanden waren – bis eines Tages tatsächlich ein erster Auftrag von der Firma Küppersbusch aus Gelsenkirchen kam, und statt der Bezahlung einen Kohleherd anbot, der auf dem Schwarzmarkt zu den begehrtesten Objekten zählte, und der Zugang zu den ausgefallensten Wünschen ermöglichte.

So machte sich mein jüngerer Bruder in unserer Fabrik als erster, einsamer Arbeiter daran, das Material zusammenzustellen. Mein älterer Bruder aber setzte sich auf sein schön gepflegtes Fahrrad, und chauffierte die Ware auf seinem Gepäckständer wohlbehalten durch das gesamte Ruhrgebiet.

Als ein Auftrag der Firma Howaldt & Co. aus Flensburg vorlag, mißachtete er die überall im Bahnhof zur Warnung angebrachten Schilder:

„Trittbrettfahren verboten!"

„Mitfahren auf der Kupplung unerlaubt!"

„Halte Dich fest im Güterwagen – in der nächsten Kurve fliegst Du 'raus!"

„Baumle nicht mit den Beinen aus dem Fenster – sie könnten Dir an Deinem Ziele fehlen!"

„Nimm Dir zu essen und zu trinken mit – unterwegs gibt's nichts!"

Er machte sich mit Rucksack und Ware im offenen Güterzug für sechsunddreißig Stunden auf den Weg gen Norden, nachdem einige Personenzüge mit den üblichen „Menschentrauben" einfach durchgefahren waren.

In Flensburg angekommen, wurde dem halb Ohnmächtigen von den Herren der Werksleitung Haferflockenplätzchen, ein beachtliches Stück durchwachsener dänischer Speck mit Senf gereicht, ein Glas mäßig verdünnter Flensburger „Pott-Rum" angeboten und als Vorauszahlung ein Eimer Salzheringe mitgegeben.

Josefine hatte, wie fast alle Einwohner Dülmens, an die Prophezeiung der stigmatisierten Anna Katharina Emmerich geglaubt, die im vorigen Jahrhundert gelebt hatte und besagte, Coesfeld und Haltern würden in einem Krieg zerstört, Dülmen dagegen bleibe verschont. Der feste Glaube daran wurde den Bürgern Dülmens, sechs Wochen vor dem Kriegsende zum Verhängnis, da viele nicht einmal in den Keller gingen. In zwei aufeinanderfolgenden Nächten wurde die kleine Stadt bis auf die Grundmauern vernichtet, und so kam eines Tages die traurige Botschaft von Josefine aus Mettmann bei Düsseldorf, sie habe alles verloren und lebe mit den Kindern in einem Behelfsheim, welches ihr „Bekannter", ein gelernter Polier, errichtet hatte, und bat, uns besuchen zu dürfen. „Ihr treues Fräulein Josefine Berse!"

Bei ihrem Besuch stellte sich heraus, daß die so schüchterne, den männlichen Lebewesen gegenüber ein wenig bängliche Josefine, das unerhörte Kunststückchen fertig gebracht hatte, innerhalb von vier Jahren von dem gefangenen, polnischen Zwangsarbeiter Tadeuz Dutkewicz, vier gesunde Kinderchen zu bekommen, und diesen, aufgrund ihrer „Mütterzusatzkarte" gelegentlich vom gröbsten Hunger befreit hatte.

Nun saß er, den Blick nicht von ihr wendend, mit einem gewissen „Anstands"-Abstand, schweigsam, aber zufrieden aussehend neben ihr auf unserem Biedermeiersofa, und Josefine bat meine Mutter um Rat, ob er trotz aller Sprachschwierigkeiten als ihr Ehemann in Frage käme.

Meine Mutter hatte es niemals zugelassen, daß sie von einem Hausmädchen mit „Gnädige Frau" angeredet wurde, und Gerti, unser ostpreußisches „Zweitmädchen" ging kurzerhand dazu über, sie einfach „Mutti" zu nennen. Da sie ihre eigene Mutter geradezu abgöttisch liebte, war diese Anrede nicht etwa plump vertraulich, sondern eher als Huldigung zu verstehen. Überdies umging sie eine falsche Vermutung, indem sie zu meiner Mutter in der dritten Person sprach. Also: „Hat die Mutti gut geschlafen?" oder: „Ist die Mutti zum Abendbrot zurück?"

Gerti war ein echtes Landkind, rotwangig, flink und immer guter Dinge. Allmorgendlich stand sie „mit den Hühnern" auf, rieb sich den ganzen Körper mit „Seesand-Mandelkleie" ab, hielt ein Schwätzchen mit dem Straßenkehrer, holte die Brötchen, sperrte alle Fenster auf, bereitete unser Schulfrühstück, und fürchtete sich nur vor Gewitter.

Sie kannte weder eine Badewanne – von der sie dann

allerdings mit der milden Erlaubnis meiner Mutter, täglich gleich zweimal Gebrauch machte – noch elektrisches Licht, und mit anhaltendem Staunen entdeckte sie den Toaster, Staubsauger und das elektrische Bügeleisen.

Gerti lief, je nach Lust, barfuß oder – als erstes Zeichen ihrer Eingewöhnung – mit Stöckelschuhen zum Kaufmann, der alsdann, sobald er ihrer ansichtig wurde, seine etwas vierschrötige Gattin in das entfernter liegende Lager schickte, und die übrigen Kunden damit vertröstete, die verlangte Ware käme erst übermorgen. Doch einige, die das nicht glauben mochten, behaupteten später, Gerti habe „leichtes Blut". In der Tat – in ihren klaren, moosgrünen Augen tanzten viele Lichter, und ähnlich mochten die masurischen Seen glänzen, wenn sich die Sonne darin verlor.

Gerti stammte aus einem unbenannten Dorffleckchen bei Allenstein, das selbst auf dem „Herder"-Atlas meines Vaters nicht zu finden war. Sie trug bei aller Munterkeit ein stetes Heimweh nach dort mit sich herum, aber wenn sie ihren Jahresurlaub antreten sollte, begann sie zu zögern, da sie sich vor dem „Polnischen Korridor" ein wenig ängstigte.

Ich konnte das gut verstehen, denn auch wir hatten, von der Diele ausgehend, einen Korridor, der lang und dämmrig war, und ich hätte ihn am Abend, wenn meine Eltern nicht anwesend waren, niemals durchlaufen, ohne meinen älteren Bruder zu bitten, mich dabei zu begleiten.

Als der Krieg ausbrach, nahmen wir alle einen herzzerreißenden Abschied von einander, denn Gerti gehörte mittlerweile zur Familie, und wurde besonders von uns Kindern wegen ihres nimmermüden Ordnungssinns vermißt. Niemand wußte, ob man sich jemals wiedersah. Nun hatte sie uns plötzlich nach Jahren geschrieben und einen Besuch angekündigt. Sie war nach wochenlangen Irrwegen mit ihrer Familie aus Ostpreußen in das amerikanisch besetzte Gießen, nur mit dem, was sie auf dem Leibe trug, geflohen. Aber, anstellig und geschickt wie sie war, hatte sie gleich in der Küche des amerikanischen Offizierscasinos begonnen zu arbeiten. Das bescherte ihr und ihrer Familie ein Leben wie im Schlaraffenland.

Eines Tages fuhr vor unserem Hause, begleitet von weithin tönender „Blues"-Musik ein amerikanischer Jeep vor. Ihm entstieg ein hochgewachsener, dunkelhäutiger Offizier, Koch von Beruf, wie sich später herausstellte, und eine glücklichere Verbindung konnte damals ein deutsches Mädchen überhaupt nicht eingehen.

Er trug mit unmißverständlichem Stolz, und eine Unzahl schneeweißer Zähne zeigend, eine etwas schwergewichtig gewordene Gerti in seinen Armen, die mit baumelnden Beinen vortäuschte, sich dagegen zu wehren, bis zu unserer Haustüre.

Früher hatte sie ihre Haare straff zurückgekämmt und zu einem winzigen Knoten zusammen gebunden. Nun waren diese zu einem schelmischen „Shirley-Temple" Lockenkopf verändert.

Nach stürmischer Umarmung stellte sie in einem ostpreußisch gefärbten Englisch ihren „Ami" vor, wie sie ihn unbekümmert nannte, der aber eigentlich auf den

Namen „Billy" hörte. Ihn schien jedoch auf dieser Welt nichts anderes zu interessieren als unsere Gerti, was durchaus verständlich war.

Danach packten sie Dutzende von Päckchen und Paketen aus. Die waren alle für die „Mutti"!

Von nun an war für uns das Schlimmste überstanden, denn Gerti kam mit ihrem „Billy-Willi" an jedem Wochenende in dem musikalischen Jeep und brachte Kuchen, Braten, Obst, Weißbrot, Butter in verschwenderischer Fülle.

Wenig später trat ein, wovon seit längerer Zeit geredet wurde: die Währungsreform. Sie bescherte den Geschäften, die bis zu diesem Tage in trostloser Leere vor sich hin gedämmert hatten, wie von Zauberhand eine üppige Pracht, die niemand mehr für möglich gehalten hätte. Plötzlich war alles, was man so viele Jahre entbehrt und vermißt hatte, wieder zu sehen und – unfaßbar – zu kaufen! Für jeden Menschen dieses Landes hatte endlich eine Zukunft begonnen.

Mir brachte sie ein wunderbares, sicherlich einmaliges Geschenk: eine Fahrkarte nach Schweden von Nils und Sonja, und – ein Visum für ein Studium an der „Königlichen Kunsthochschule" in Stockholm!

Eine langersehnte Reise lag vor mir – ein unversehrtes, geordnetes Land. Freunde, die mich kaum kannten, und über Jahre hinweg in Not und Ausweglosigkeit getröstet und mir geholfen hatten, warteten auf mich. Bestimmt würde in einigen Wochen der ganze Spuk dieser verhängnisvollen Jahre überwunden und vergessen sein.

Aber es war kein „Spuk". Es war das Leben, das hinter

mir lag. Es hatte für immer Maßstäbe gesetzt, und uns alle zwangsläufig geformt.

Gewiß würde es möglich sein, mit der Zeit die Schatten zu verdrängen, und den feurigen Rausch der Gegenwart zu genießen.

Aber – würde man überhaupt vergessen wollen?

Kinder vor dem Schaufenster. „Keine Attrappen!

Alles ohne Berechtigungsschein!"

145

Ein liebenswertes Düsseldorf-Buch

Eine Kindheit in Düsseldorf

Erzählt und gezeichnet von Sigrid Wachenfeld
160 Seiten mit zahlreichen Zeichnungen

Sigrid Wachenfeld, Malerin, in Düsseldorf-Oberkassel
aufgewachsen, beschreibt und zeichnet hier
ihre Kindheit in den dreißiger Jahren.
Erzählungen, Dichtung und Wahrheit ineinander
verwoben, Zeichnungen von Menschen,
Ereignissen und Schauplätzen diesseits und
jenseits des Rheins. Zugleich ein Porträt jener Zeit,
über die sich auch dunkle, braune Wolken schoben.

Droste Verlag

148